भारतीय भाषाएँ और साहित्य

भारतीय भाषाएँ और साहित्य

(हिन्दी, उर्दू, पंजाबी तथा तमिल के सन्दर्भ में)

डॉ. नरेश

वाणी प्रकाशन

वाणी प्रकाशन

4695, 21-ए, दरियागंज, नयी दिल्ली 110 002

शाखा

अशोक राजपथ, पटना 800 004

फ़ोन : +91 11 23273167 फ़ैक्स : +91 11 23275710

www.vaniprakashan.in
vaniprakashan@gmail.com
editorial@vaniprakashan.in
sales@vaniprakashan.in

BHARTIYA BHASHAYEN AUR SAHITYA
by Dr. Naresh

ISBN : 978-93-5229-321-6

Criticism

प्रथम संस्करण

मूल्य : ₹ 250

हर्ष प्रिंटर्स, दिल्ली-110 093 में मुद्रित

वाणी प्रकाशन का लोगो मक़बूल फ़िदा हुसेन की कूची से

प्राक्कथन

समय-समय पर लिखे गये अपने लेखों में से प्रस्तुत संग्रह के लिए चयन करते समय दो-तीन बातें मेरे मन में थीं। पहली यह कि इस पुस्तक को मात्र हिन्दी-साहित्य की समीक्षा तक सीमित न रखूँ बल्कि इसमें भारत की दो-एक अन्य भाषाओं में रचे गये साहित्य से भी आपको परिचित कराऊँ। यह मेरा निश्चित मत है कि भारत में तब तक किसी सांस्कृतिक मुख्य धारा का निर्माण नहीं हो सकता जब तक हम प्रादेशिकता का मोह त्यागकर प्रदेश को ही देश समझने की मनोवृत्ति से मुक्त नहीं होंगे। इसके लिए भाषाओं का आदान-प्रदान अत्यावश्यक है। ज़रूरी नहीं है कि हम देश की सभी भाषाएँ पढ़ना-लिखना सीखें लेकिन अनुवाद के द्वारा उन तक पहुँचना तो कुछ कठिन नहीं है। इसलिए मैंने इस संग्रह में कुछ लेख तमिल, उर्दू तथा पंजाबी भाषा/साहित्य से सम्बन्धित शामिल कर दिए हैं। निश्चय ही ये लेख इस आशय से नहीं लिखे थे कि इनके द्वारा हिन्दी के पाठक को इन भाषाओं के साहित्य की विस्तृत जानकारी दी जा सकेगी अपितु भिन्न समय पर इनके लिखे जाने के भिन्न कारण थे। अब मैं चाहता हूँ कि आप इनको पढ़ें और आपके भीतर इन भाषाओं के साहित्य के बारे में और अधिक जानने की इच्छा उत्पन्न हो।

दूसरे, मध्यकालीन एवं आधुनिक हिन्दी साहित्य को जिस दृष्टि से मैंने देखना-समझना चाहा है, उसे मैं आपके साथ बाँटना चाहता था। ज़रूरी नहीं कि आप मेरे निर्णयों से शत-प्रतिशत सहमत हों लेकिन यदि इससे आपको रचना के भीतर तक उतरकर रचनाकार की सोच को पर्त-दर-पर्त खोलने में सहायता मिले तो निश्चय ही आपके रसास्वादन की क्षमता बढ़ेगी और आप रचना के गूढ़ार्थ तक पहुँचने में सफल होंगे।

मेरे लिए साहित्य कभी भी मनोविनोद का साधन नहीं रहा है। मैं साहित्य को हथियार मानता हूँ, जिसकी काट त्वरित परिणाम तो नहीं देती लेकिन इसकी मार बहुत गहरी होती है। हाँ, रचना रचना रहे, उपदेशात्मक

प्रवचन न बने, यह देखना साहित्यकार का प्रथम दायित्व होता है। साहित्य और समाज के प्रति मेरा दृष्टिकोण इन लेखों में स्पष्ट मिलेगा।

ये लेख आपकी जिज्ञासा को किसी हद तक शान्त कर पाएँगे तो मुझे सन्तोष होगा कि मेरा श्रम वृथा नहीं गया है। ये यदि किसी प्रकार आपकी स्वस्थ-सन्तुलित सोच के निर्माण में सहायक होंगे तो मैं समझूँगा कि मेरा श्रम सार्थक हो गया है।

169, सेक्टर-17,
पंचकूला-134109

नरेश

अनुक्रम

ब्वदजमदजे

साहित्य का कर्म

हम डार्विन के सिद्धान्त से सहमत हों या न हों लेकिन यह तो मानना ही पड़ेगा कि निद्रा, भूख, प्यास, यौन आदि पाशविक अवयव मनुष्य के व्यक्तित्व का अभिन्न अंग हैं। क्रोध में आये व्यक्ति का पाशविकता-प्रदर्शन भी यही सिद्ध करता है कि मानव का लगभग आधा भाग पाशविक है। इस पर भी मानव को स्रष्टा की सर्वोत्तम कृति कहा गया है। कारण यह कि उसका शेष आधा भाग दिव्यता है। क्षमा, दया, करुणा, प्रेम, त्याग आदि दिव्य गुणों का धारक होने के कारण ही उसे सृष्टि का सर्वश्रेष्ठ प्राणी कहा गया है। मानव के श्रेष्ठ मानव बनने से ही आदर्श समाज का निर्माण सम्भव है, अतः साहित्य ने हर युग में यह प्रयास किया है कि मनुष्य को उसके भीतर निहित पशुता के प्रति सजग-सचेत करके पाशविक वृत्तियों के परित्याग तथा दिव्य गुणों के विकास में प्रवृत्त किया जाए।

मानव-स्वभाव के अध्ययन में किसी कालजयी परिभाषा या अकाट्य विश्लेषण का आग्रह भी दुराग्रह ही होता है क्योंकि एक ही व्यक्ति समान परिस्थितियों में भी भिन्न-भिन्न प्रकार से व्यवहार करता है। उसका आन्तरिक ऊहापोह उसकी मानसिकता पर प्रभावी होकर, भिन्न-भिन्न अवसरों पर, एक ही व्यक्ति के प्रति उसके व्यवहार को विविधरूपा कर देता है। पत्नी वही होती है, पति भी वही होता है लेकिन कभी पत्नी पति को उर्वशी-सी मोहक दिखती है, रम्भा-सी चित्ताकर्षक प्रतीत होती है तो कभी कैकेयी-सी स्वार्थी और मंथरा-सी दुष्टा दिखाई देती है। इसके लिए ज़रूरी नहीं कि परिस्थितियाँ बदली हों, पति के मन की शंका, अविश्वास, संदेह या उसके कानों का कच्चापन भी उसकी सोच तथा दृष्टि को बदलने में निर्णायक भूमिका अदा कर देता है। इसलिए आदिम युग से लेकर आज तक साहित्यकार मानव को समझने-बूझने में लगा हुआ है और निश्चय ही तब तक लगा रहेगा, जब तक मानव अशेष नहीं हो जाता।

समय के समान समाज भी स्थिर नहीं है, पल-पल परिवर्तनशील है। हर युग की सामाजिक परिस्थितियाँ, आशाएँ, आकांक्षाएँ, विभीषिकाएँ दूसरे युग से भिन्न रही हैं। सामाजिक दृष्टि से मनुष्य के विकास की गाथा साहित्य-रचना के

लिए उर्वरा पृष्ठभूमि का काम करती रही है। साहित्यकार इस पृष्ठभूमि में से गौरवपूर्ण घटनाओं एवं अनुकरणीय व्यक्तित्वों के हवाले चुनकर अपने समय के समाज के लिए गर्वानुभूति भी तलाश करता है और अपना आदर्श निर्धारित करने के लिए आवश्यक संकेत भी मुहैया करता है। यह प्रक्रिया भी शाश्वत प्रक्रिया है। आधुनिक काल के उदय के साथ ही महाभारत-रामायण की प्रासंगिक घटनाओं की पुनर्प्रस्तुति तथा चन्द्रगुप्त और स्कंदगुप्त जैसे इतिहास-पुरुषों की पुनर्प्रतिष्ठा हिन्दी के साहित्यकारों को इसलिए प्रिय हो गयी थी क्योंकि वे इसके द्वारा पाठक को राष्ट्रीय गौरव की अनुभूति भी प्रदान करना चाहते थे और भारत के स्वाधीनता-संग्राम के प्रसंग में स्वायत्त-स्वतन्त्र भारत की परिकल्पना को भी पोषित करने को लालायित थे। भारतेन्दु-युग में 'महाप्रस्थान' या 'संशय की एक रात' जैसे काव्यों की रचना सम्भव ही नहीं थी क्योंकि साहित्यकार जिस राष्ट्रीय सोच के निर्माण में जुटे हुए थे, उसमें आत्म-विश्लेषण या उचित-अनुचित के निर्णय की गुंजाइश ही नहीं थी। ऐसे काव्यों की रचना स्वाधीनता-प्राप्ति के वर्षों बाद ही सम्भव थी, अतः ये काव्य स्वतंत्रता-प्राप्ति के वर्षों बाद ही रचे गये।

आज साहित्य-लेखन जिस दौर में से गुज़र रहा है, वह बड़ा भयानक दौर है। मनुष्य के व्यक्तित्व को जितना ख़तरा आज है, इतना शायद पहले कभी नहीं रहा है। अन्तर्राष्ट्रीय बाज़ार की गतिविधियाँ इसे व्यक्ति से वस्तु बनाने में रत हैं। इस बाज़ार के व्यापारियों की दृष्टि में मानवीय संवेदनाओं, भावनाओं, अनुभूतियों का कोई महत्त्व नहीं है। उनकी दृष्टि में सूक्ष्म नहीं, स्थूल ही यथार्थ है। भारत के संदर्भ में देखें तो पिछली आधी शती में भारतीय समाज ने अपनी मूलभूत इकाई अर्थात् संयुक्त परिवार की संस्था को तोड़ दिया है। परिणामस्वरूप मनुष्य अकेला पड़ गया है। अकेलेपन ने उसे अन्तर्मुखी बना दिया है और वह नानाविध कुण्ठाओं का शिकार हो गया है। इसके फलस्वरूप समाज की चिन्ता से आलोड़ित प्रगतिशील साहित्य प्रयोगवाद की मार न झेल पाया। कविता अकविता हो गयी, कहानी अकहानी हो गयी। मानव-मूल्यों की बात करना बन्द हो गया। सामाजिक मूल्यों को धराशायी होना ही था। राजनीति का अपराधीकरण हो गया। गणतंत्र में गणों ने आत्म-केन्द्रित होना शुरू कर दिया। जनतन्त्र में पचासाधिक प्रतिशत लोगों ने भागीदारी से हाथ खींच लिया। रंग, गंध, रस, स्पर्श से विहीन साहित्य यदाकदा औपचारिक आक्रोश-प्रदर्शन तक सीमित हो गया। रचनाकार की रचनात्मकता के साथ प्रतिबद्धता कमज़ोर पड़ गयी। समाज के प्रति उदासीन साहित्य का सृजन नये प्रेमचन्द, प्रसाद, निराला, नागार्जुन पैदा करने में असमर्थ दिखाई देने लगा।

साहित्य जादू की छड़ी नहीं है कि घुमाई और मनवांछित फल प्राप्त हो गया। यह अपना प्रभाव दिखाने में समय लेता है। साहित्य पाठक के अन्तर्मन में गहरे उतरकर उसकी मानसिकता को प्रभावित करता है और उसकी सोच का निर्माण

करता है। रचनाकार अपनी अर्जित मनीषा और ईश-प्रदत्त प्रतिभा से जिस प्रकार के भावी समाज का सपना देखता है, उसे वह अपनी रचनाओं में टुकड़ा-टुकड़ा ढालता रहता है। पाठक भी इस सपने को टुकड़ों में ही ग्रहण करता है लेकिन जब ये टुकड़े पाठक की चेतना में समाहित हो जाते हैं तो उसका मन-मस्तिष्क इन टुकड़ों को जोड़कर एक पूरा चित्र बना लेता है। इसी प्रक्रिया से साहित्य पाठक की सोच का निर्माण करता है।

दुर्भाग्यवश वर्तमान लेखक शाश्वत सत्यों के स्थान पर कालिक सत्यों के पीछे चल रहा है। कालिक सत्य भी सत्य होते हैं लेकिन वे सदैव सत्य नहीं रहते। शाश्वत सत्य अपरिवर्तनीय होते हैं। आज अमेरिका विश्व का सबसे शक्तिशाली राष्ट्र है, यह सत्य है लेकिन यह शाश्वत सत्य नहीं है क्योंकि कुछ समय पहले अमेरिका इतना शक्तिशाली राष्ट्र नहीं था और हो सकता है कि वह भविष्य में सबसे शक्तिशाली राष्ट्र न रहे। यही कालिक सत्य है। भूख, निद्रा, यौन, विचारशीलता आदि मानव की नैसर्गिक आवश्यकताएँ हैं, यह शाश्वत सत्य है। आदिम युग से लेकर आज तक ये मानव की आवश्यकताएँ रही हैं और जब तक मानव रहेगा, ये आवश्यकताएँ बनी रहेंगी।

साहित्य का मूल कर्म व्यक्ति की संवेदनशीलता को जगाना है। संवेदनशीलता ही है जो मनुष्य को पशु से अलगाती है और उसे दूसरे मनुष्य के प्रति आकर्षित करती है, उसके साथ मोहपाश में बाँधकर उसके सुख-दुःख का भागीदार बनाती है। यह भागीदारी मोहलिप्त भी हो सकती है, मर्यादापूरक भी लेकिन भागीदारी से ही समाज बनता है, परिचालित होता है। साहित्य अपने पाठकों को जितना अधिक संवेदनशील बनाएगा, उतना ही बेहतर समाज निर्मित होता चला जाएगा। यथार्थ के नाम पर पाठक की मानसिकता को कुण्ठाओं से ओतप्रोत करना साहित्य का धर्म नहीं है। संकुचित, साम्प्रदायिक, क्षेत्रीय या जातिगत सोच को लेकर रचा गया साहित्य समाज का हित नहीं करता अपितु उसे रसातल की ओर ले जाता है। इसलिए ज़रूरी है कि साहित्यकार पूर्वाग्रहों से मुक्त होकर अपने समय के समाज का तटस्थ भाव से नाड़ी-परीक्षण करे और अपनी रचनाओं में समाज का दर्पण बनने की क्षमता ही नहीं लाए अपितु उसे समाज को आईना दिखाने की क्षमता से भी विभूषित करे। ज़रूरी है कि साहित्यकार अपने समय की चुनौतियों को जाने, समझे, उनका विश्लेषण करे और अपनी रचना के माध्यम से पाठक को उन चुनौतियों का मुकाबला करने की प्रेरणा देते हुए उसे अपने विवेकानुसार दिशा-संकेत भी दे।

तुलसीदास ने रघुनाथ गाथा रचते हुए भारतीय समाज के सामने जिन पारिवारिक, सामाजिक, राजनीतिक मर्यादाओं की स्थापना की थी या राष्ट्रीय एकसूत्रता वाले धर्म-सहिष्णु भारत का जो सपना प्रस्तुत किया था, वह सब आज भी उतना ही प्रासंगिक है, जितना अकबर के राज्यकाल में था। अयोध्या से कन्याकुमारी तक की

राम की पद-यात्रा भारत की भौगोलिक इकाई की अक्षुण्णता को ही प्रदर्शित नहीं करती, आर्य और अनार्य संस्कृतियों के संश्लेषण द्वारा समस्त भारतीयों को भावनात्मक एकता के सूत्र में पिरोने का काम भी करती है। कहने का तात्पर्य यह है कि किसी भी साहित्यकार की कोई कृति तभी महान बनती है, जब उसमें तब तक प्रासंगिक रहने की क्षमता आ जाती है, जब तक उसका देखा हुआ सपना साकार नहीं हो जाता। आज जो कुछ लिखा जा रहा है, उसे साधुवाद देते हुए भी हम यह कामना तो करेंगे ही कि रचनाकार अपने सामाजिक दायित्व के निर्वाह में, समझौतावादिता से सर्वथा असम्पृक्त रहकर, ऐसा जीवन्त साहित्य रचे, जो एक बेहतर समाज की रचना में शत-प्रतिशत सहायक हो।

रचनात्मकता, संचार-माध्यम तथा सामाजिकता

प्रत्येक रचनाकार की नैसर्गिक इच्छा पाठकों तक पहुँचने की होती है। जिन रचनाकारों ने अपनी रचना के प्रारम्भ में ही 'स्वान्तः सुखाय' अर्थात् 'अपनी आत्मा के सुख के लिए' की घोषणा की होती है, वे समझते होंगे कि उन्होंने रचनाधर्मिता को नितान्त वैयक्तिक कर्म या व्यक्तिगत सन्तोष का स्रोत बना लिया है लेकिन उनकी रचनाएँ भी सामाजिकता के बोध से रिक्त नहीं हैं तथा ये रचनाएँ उनके घोषित सत्य को झुठलाती हैं। वास्तव में, आत्मा के सुख की संज्ञा तब तक अपूर्ण रहती है, जब तक उसमें लोक-मंगल को समाहित न कर लिया जाए। कारण यह कि रचनाकार दैहिक रूप में अन्य प्राणियों की भाँति एक सामाजिक प्राणी ही होता है और आत्मिक रूप से उसके अन्दर भी वही दिव्य तत्त्व कार्यशील होता है, जिसकी गतिशीलता से ही यह सृष्टि गतिमान हो रही है।

लोगों तक पहुँचने की यह इच्छा रचनाकार को उन माध्यमों की ओर ले जाती है, जिनके द्वारा उसका लोगों तक पहुँचना सुगम होता है। प्राचीन आर्यों की नाट्यवेद रचना, पुराने अरबों की सामरी शैली, प्राचीन इजिप्शिन रंगमंच आदि से लेकर वर्तमान युगीन टी.वी. तक के संचार-माध्यमों का उदय एवं प्रचलन रचनाकार की लोगों तक पहुँचने की इच्छा का ही परिणाम है।

लेकिन जब कोई संचार माध्यम स्थापित होकर अपनी प्रभावशीलता को प्रमाणित कर देता है, तब उसमें लाभ उठाने वाली संस्थाएँ आगे बढ़कर, अपनी आर्थिक या राजनीतिक सत्ता के बलबूते पर, उस माध्यम पर अपना अधिकार जमा लेती हैं। इन संस्थाओं को भी क्योंकि संचार-माध्यमों से लाभ उठाने के लिए लिखित शब्द की आवश्यकता होती है, इसलिए ये संस्थाएँ अभावग्रस्त लेखकों की आर्थिक विवशताओं का फ़ायदा उठाते हुए, सिक्कों की चमक दिखाकर, उनकी रचनाधर्मिता को संकट में डाल देती हैं। इससे प्रायः रचनाकार का रचनात्मक संकल्प डगमगा जाता है। जो रचनाकार इन प्रलोभनों को ठोकर मारने में सक्षम होते हैं, ये संस्थाएँ उनके स्थान पर अपरिपक्व रचनाकारों को आगे लाकर लोकप्रियता के शिखर तक पहुँचा देती हैं और इस प्रकार सच्चे रचनाकारों से प्रतिशोध ले लेती हैं।

सामाजिक चेतना के साथ जो प्रतिबद्धता रचनाकार की होती है, वह संचार-माध्यमों की नहीं हो सकती। संचार-माध्यम एक माध्यम है, हाड़-माँस का बना धड़कते हुए दिल वाला व्यक्ति नहीं है। अपने सामाजिक दायित्व के प्रति चेतना या अपनी ज़िम्मेदारी से सुर्ख़रू होने की कामना मानव-हृदय में होती है, मशीन में नहीं। इसलिए नैतिक मूल्यों के ह्रास या सामाजिक मूल्यों के अवसान के लिए संचार-माध्यमों को दोषी ठहराना वास्तव में सत्यवादिता के सामर्थ्य के अभाव को छिपाने का प्रयास होता है।

भारत में संचार-माध्यमों की सबसे बड़ी समस्या राजसत्ता के आधिपत्य से उत्पन्न होती है। सरकारी पत्र-पत्रिकाओं के सम्पादक प्रायः लोक-सम्पर्क विभाग के ग़ैर-लेखक अधिकारी होते हैं, जो साहित्य की मूलभूत परिभाषा से भी अनभिज्ञ होते हैं। आकाशवाणी और दूरदर्शन के साहित्य विभागों में भी साहित्यिक कार्यक्रमों का निर्णय प्रोड्यूसरों या प्रोगराम एक्सीक्यूटिवों के ज़िम्मे रहता है। ये लोग भी लोक-सम्पर्क विभाग के अधिकारियों की तरह, प्रायः ग़ैर-साहित्यिक होते हैं। संस्कृति विभाग, संस्कृति केन्द्रों, साहित्य अकादमियों तथा भाषा विभागों के सरबराह भी प्रायः नौकरशाही में से नियुक्त किए जाते हैं, जिनका बारबार तबादला होता रहता है। इन ग़ैर-साहित्यिक लोगों से क्योंकि धन एवं यशलाभ प्राप्त होता है, इसलिए अनेक रचनाकर्मी अपनी साहित्यिक प्रतिबद्धता को ताक पर रखकर इनकी आवश्यकता या नीति के अनुरूप साहित्य रचने लगते हैं। परिणाम यह होता है कि उनकी रचनाधर्मिता को जो सन्देश समाज को देना था, वह धरे का धरा रह जाता है और समाज के प्रति उनकी प्रतिबद्धता विस्मृति के गर्त में डूब जाती है।

सच्चे और वास्तविक साहित्यकार को यह तथ्य पीड़ा पहुँचाता है कि गुलशन नन्दा या दत्त भारती के पाठकों का दायरा प्रेमचन्द के पाठकों की अपेक्षा कहीं विस्तृत, कहीं विशाल है, परन्तु वह किसी कीमत पर भी अपनी आत्मा की आवाज़ को अनसुनी करके, लेखन कार्य को पेशावराना रूप देने को तैयार नहीं होता। परिणामस्वरूप भारतीय फ़िल्म-उद्योग में प्रेमचन्द और नरेन्द्र शर्मा पिट जाते हैं और सलीम-जावेद तथा आनन्द बख़्शी की तूती बोलने लगती है।

संचार-माध्यमों पर हावी सरकारी नीतियाँ सामाजिक चेतना के नाम पर लेखकों, कलाकारों, गायकों, संगीतकारों को अच्छी खासी धनराशि देकर 'हम एक हैं' जैसी प्रस्तुतियों के लिए तैयार तो कर लेते हैं, लेकिन दिन में बीसों बार प्रसारित ऐसे कार्यक्रमों को देखकर भी राम जन्मभूमि और बाबरी मस्जिद के श्रद्धालुओं की भिड़न्त नहीं रुक पाती। राजसत्ता की नीति, किसी धार्मिक रचना के माध्यम से, संचार-माध्यमों को लोक-आकर्षण का केन्द्र बना लेती है। 'रामायण' और 'महाभारत' के दर्शकों की संख्या नये कीर्तिमान स्थापित कर लेती है तो धर्म-निरपेक्ष राजनीति को अनुभव होने लगता है कि हिन्दू धर्म की स्वास्थ्य-वर्द्धक दवा ज़रा ज़्यादा पिला

दी गयी है और वे संचार-माध्यम पर 'मिर्ज़ा ग़ालिब' को प्रस्तुत करके या हज़रत निज़ामुद्दीन औलिया और हज़रत ख़्वाजा ग़रीबनवाज़ के रौज़ों पर हुए उर्सों की रिपोर्टें पेश करके उस दवा के असर को कम करने लगती है। 'बाइबल की कहानियाँ' सुनाकर यह सुनिश्चित करने का प्रयत्न करने लगती है कि कहीं भारतीय ईसाई समुदाय इस स्वास्थ्य-वर्द्धक दवाई से वंचित न रह गया हो। परिणाम यही होता है कि रामानन्द सागर तथा बी.आर. चोपड़ा की लोकप्रियता ऋषि बाल्मीकि तथा ऋषि व्यास के नाम को ग्रहण लगा देती है तथा साहित्य समाज के प्रति अपना दायित्व निभाने में असमर्थ ही नहीं रह जाता अपितु अन्य साधनों से उभर रही सामाजिक चेतना भी क्षतिग्रस्त हो जाती है।

किसी समस्या को लेकर सामाजिक चेतना के विकास का पेशावराना ढंग हमेशा खोखले आदर्शवाद पर आधारित होता है। आदर्श की दुहाई देना और सद्-साहित्य के माध्यम से पाठकों के अन्तर्मन में उतरकर उनकी सोच को बदलना दो भिन्न-भिन्न कर्म हैं। रचनाकार जब संचार-माध्यम को अपनी अभिव्यक्ति का साधन बनाता है तो 'चुन्नी' या 'साँझा चुल्हा' जैसी प्रवृत्तियाँ महत्त्वपूर्ण बना दी जाती हैं। प्रश्न केवल यथार्थ से उदासीन आदर्श की स्थापना का ही नहीं है, इस प्रकार के प्रयासों द्वारा समस्या का संदर्भ बदल दिया जाता है, जिसके फलस्वरूप सामाजिक चेतना दिग्भ्रमित हो जाती है। पंजाब-समस्या कभी भी हिन्दू-सिख-समस्या नहीं थी लेकिन समस्त संचार-माध्यमों ने इस समस्या को इतनी बार इसी रूप में दोहराया कि साधारण व्यक्ति को लगने लगा कि पंजाब-समस्या का आधार आतंकवाद नहीं, साम्प्रदायिक वैमनस्य है।

सामाजिक चेतना का एकमात्र मनोरथ मनुष्य के व्यक्तित्व में व्याप्त पाशविक वृत्तियों का शमन करके, एक स्वस्थ सामाजिक व्यवस्था कायम करना होता है। मानव-व्यक्तित्व दो प्रकार के तत्त्वों—दिव्य तथा पाशविक—के सम्मिश्रण से निर्मित होता है। पाशविक तत्त्व को सुलाना-दबाना तथा दिव्य तत्त्व को जगाना-उभारना ही सामाजिक चेतना का लक्ष्य होता है। यही लक्ष्य साहित्य के सामने भी सदैव रहता है। युगों-युगों से साहित्य का प्रयोजन मानव के भीतर विद्यमान पाशविक तत्त्वों के विरुद्ध संघर्ष करना रहा है। यह प्रयोजन तब तक जारी रहेगा, जब तक पाशविकता-रहित समाज का निर्माण नहीं हो जाता। साहित्य के इस महान् प्रयोजन की पूर्ति में संचार-माध्यमों की भूमिका बड़ी महत्त्वपूर्ण है।

हमारे संचार-माध्यम समझौतावाद का शिकार हो जाने के कारण अपनी इस भूमिका को निष्ठापूर्वक नहीं निभा रहे हैं, इसलिए हमारे लिए चिन्ता का विषय बने हुए हैं। समझौतावाद भी, पेशावराना सृजनात्मकता की तरह, खोखले आदर्शवाद को जन्म देता है। हमारे पत्र-पत्रिकाएँ, रेडियो, टी.वी. तथा इसी प्रकार के सरकारी-ग़ैर-सरकारी माध्यम गुरुपर्वों पर सिख धर्म सम्बन्धी, दशहरा-दीवाली पर हिन्दू धर्म

सम्बन्धी, ईद-बकरीद पर इस्लाम सम्बन्धी तथा क्रिसमस-ईस्टर पर ईसाई धर्म सम्बन्धी लेख प्रकाशित-प्रसारित करते हैं। ऐसा करते समय संचार-माध्यमों का उद्देश्य मानव के भीतर पड़े दिव्य तत्त्व को जाग्रत करना या उसके अन्दर मौजूद पाशविक तत्त्व का शमन करना नहीं होता अपितु धर्म-समुदायों के साथ आबद्ध पाठक या दर्शक वर्ग को सन्तुष्ट करना होता है। माध्यमों के संचालकों ने कभी इस बात पर ध्यान नहीं दिया कि उनका यह कर्मकाण्ड साधारण पाठक की सोच को सदियों पीछे धकेल रहा है। मिथ को इतिहास में परिवर्तित करने से जो कठिनाइयाँ उत्पन्न होती हैं और सामूहिक चिन्तन को जो धक्का पहुँचता है, उसका अनुमान लगाया जाए तो इनके आदर्शवाद का खोखलापन स्पष्ट हो जाता है।

पिछले कई दशकों से भारतीय समाज मूल्यों के विघटन की भयानक समस्या से जूझ रहा है। पूर्वी तथा पश्चिमी सभ्यता में जो टकराव अंग्रेज़ी शासन के दौरान शुरु हुआ था, अंग्रेज़ों के यहाँ से चले जाने के बाद उसका और भी विकराल रूप हमारे सामने आया है।

हमारे संचार-माध्यम, विशेषकर दूरदर्शन, आधुनिकता के नाम पर सामाजिक चेतना को जिस पश्चिमी सभ्यता की ओर ले जा रहे हैं, उसके कारण यह समस्या और अधिक गंभीर होती जा रही है। अदाकारी के स्थान पर नाचने-कूदने को, शास्त्रीय संगीत के स्थान पर पॉप-म्यूज़िक को, संयुक्त परिवार के स्थान पर वैयक्तिक इकाई को, चिर-स्थापित मूल्यों के स्थान पर मूल्य-विध्वंस को हवा देकर, हमारे संचार-माध्यम समाज को कौन-सी दिशा देने में जुटे हैं, समझ में नहीं आ रहा है।

भारतीय भाषाएँ और हम

यह एक दुर्भाग्यपूर्ण सत्य है कि स्वाधीनता की अर्द्धशती के बाद भी हम भाषाओं के प्रति अपने उत्तरदायित्व से विमुख ही नहीं रहे हैं अपितु हमने भाषाओं को कुत्सित राजनीति का आधार बनाकर भाषाओं का अहित भी किया है। व्यक्ति और व्यक्ति के बीच संवाद का एकमात्र सशक्त माध्यम होने के कारण, भारत जैसे बहुभाषी देश में हमें भाषा के पठन-पाठन पर जो ध्यान देना चाहिए था, वह हमने नहीं दिया और अब वस्तुस्थिति यह है कि भाषाएँ प्रादेशिकता की पहचान और धार्मिक समुदायों की प्रतीक बन गयी हैं। भाषा विशेष के प्रति साम्प्रदायिक मोह ने भाषाओं को विभिन्न वर्गों की बपौती बना दिया है और दूसरे लोग वितृष्णावश उस भाषा से सम्बन्ध-विच्छेद करने लगे हैं। कारण चाहे कुछ भी रहे हों, भाषाओं के साम्प्रदायिक स्वरूप ने ही उस अवस्था को जन्म दिया था, जिसमें पंजाब के अधिकतर हिन्दुओं ने अपनी मातृभाषा का परित्याग करके, जन-गणना के समय, हिन्दी को अपनी मातृभाषा घोषित कर दिया था।

आज जब हम देश को सुदृढ़ बनाने की बात कर रहे हैं, भावनात्मक एकता और राष्ट्र की अखण्डता के प्रति कृतसंकल्प हो रहे हैं, देश के समूह नागरिकों को प्रेम की माला में गूँथने पर विचार कर रहे हैं तो यह आवश्यक है कि हम भाषाओं के प्रति अपने रवैये पर गंभीरता से विचार करें और भाषाओं को प्रादेशिक संकीर्णता के दायरे से बाहर निकालकर राष्ट्रीयता की खुली धूप में आने दें। इसके लिए सबसे पहले हमें अपने पाठ्यक्रमों में परिवर्तन लाना होगा। एक भाषा के पाठ्यक्रम को एक ही भाषा में उपलब्ध साहित्य की परिधि में सीमित रखने की अपनी नीति बदलनी होगी और अपनी पाठ्य-पुस्तकों में ऐसे गवाक्ष खोलने होंगे, जिनमें से अन्य भारतीय भाषाओं में रचे जा रहे साहित्य की महक को महसूस किया जा सके। इसके लिए एक नया अनुपात निश्चित करना होगा कि प्रत्येक भाषा की पाठ्य-पुस्तकों में अनिवार्य रूप से दूसरी भाषाओं के साहित्य का कुछ अंश अनूदित करके शामिल किया जाए। इससे न केवल एक भाषा के विद्यार्थियों को अन्य समकालीन भाषाओं में रचे जा रहे साहित्य के विषय में जानकारी मिलेगी अपितु

अजनबीपन की वे दीवारें भी टूटेंगी, जिनके कारण हम देश की मुख्य सांस्कृतिक धारा का निर्माण नहीं कर पा रहे हैं।

भारत की मुख्य सांस्कृतिक धारा की बात भी अभी तक हम हवा में ही करते चले आ रहे हैं। पंजाबी, गुजराती, बंगाली, मलयालम जैसी प्रादेशिक पहचान को हम गर्व के साथ व्यक्त करते हैं। बंगला संस्कृति, पंजाबी संस्कृति, उड़िया संस्कृति, कश्मीरी संस्कृति की बात ही नहीं की जाती बल्कि इनकी अलग पहचान को मनवाने के लिए सरकारी-ग़ैर-सरकारी यत्न भी किए जाते हैं। 'देसाँ माँ देस हरियाणा' और 'सोहणा देस पंजाब नीं सइयो' जैसे गीतों के माध्यम से हम 'देश' की पहचान को भी प्रादेशिकता के दायरे में कैद करने लगे हैं। यदि पंजाब या हरियाणा या उत्तर प्रदेश ही हमारा देश है, तो फिर भारत कहाँ है? सोचने के इस अन्दाज़ ने राष्ट्रीय स्तर पर बड़ी भारी समस्याओं को जन्म दिया है। प्रत्येक राज्य अपने प्राकृतिक स्रोतों पर अपना प्रभुत्व जमाने को लालायित हो रहा है। इसके लिए आन्दोलन हो रहे हैं। राज्यों और केन्द्र के बीच अधिकारों के पुनर्विभाजन की बात कही जा रही है। ऐसी मानसिकता के साथ जब हम राष्ट्र की बात करते हैं तो उसका कुछ अर्थ नहीं रहता, बात हवा में हो रही होती है।

भाषायी आधार पर राज्यों के पुनर्गठन ने भाषाओं के सम्बन्ध में हास्यास्पद स्थिति उत्पन्न कर दी है। इससे इलाकावाद को बल मिला है और अपने-अपने इलाके की उचित-अनुचित बड़ाई के लिए राज्य सरकारों ने बौने साहित्यकारों को पुरस्कारों-सम्मानों की टाँगें लगाकर बड़ा किया है। भाषायी आधार का खोखलापन भी जहाँ का तहाँ विद्यमान है। जिन राज्यों को हिन्दी-भाषी राज्य घोषित किया गया है, वहाँ की आम जनता हिन्दी नहीं, प्रादेशिक बोलियाँ बोलती है। जम्मू-कश्मीर को उर्दू-भाषी राज्य घोषित किया गया है, वहाँ उर्दू किसी नागरिक की भाषा नहीं है। लद्दाख में लद्दाखी बोली जाती है, कश्मीर में कश्मीरी तथा जम्मू में डोगरी।

उर्दू, हिन्दी तथा अंग्रेज़ी भारत की प्रादेशिक भाषाएँ नहीं हैं। ये तीनों सार्वदेशीय भाषाएँ हैं, जिनके द्वारा पूरे देश में बातचीत का काम चलाया जा सकता है। दक्षिण भारत को अंग्रेज़ी से मोह है तथा वहाँ हिन्दी का विरोध होता है। उत्तर भारत अंग्रेज़ी को फरंगी दासता की प्रतीक कहकर नकार रहा है। उर्दू को मुसलमानों की भाषा कहकर दुत्कारा जाता है। इसके बावजूद इनमें से किसी एक भाषा के माध्यम से या तीनों के मिले-जुले प्रयोग से पूरे देश में संवाद रचाने की सम्भावनाओं से इनकार नहीं किया जा सकता।

यदि हम भारत को एक राष्ट्र के रूप में देखना चाहते हैं और यदि हम ईमानदारी के साथ राष्ट्रीयता का कोई स्वरूप सुनिश्चित करना चाहते हैं तो हमें तुरन्त उस धारणा का परित्याग करना होगा, जो हमारे दृष्टिकोण को संकुचित कर रही है और हमारी विचारधारा को संकीर्ण बना रही है।

अतः मेरा आग्रह है कि छात्रों को भाषा-ज्ञान देते समय उनके समक्ष मात्र उसी भाषा का साहित्य न परोसा जाए अपितु उन्हें अनिवार्य रूप से अन्य भाषाओं के साहित्य से भी परिचित कराया जाए। स्नातकोत्तर स्तर पर भाषा के विद्यार्थियों के लिए अपनी भाषा के गहन अध्ययन के साथ किसी दूसरी भारतीय भाषा के साहित्य सम्बन्धी जानकारी को अनिवार्य किया जाए। शोधार्थियों को भाषाओं के तुलनात्मक अध्ययन के लिए प्रेरित किया जाना चाहिए ताकि विभिन्न भाषाओं के समकालीन लेखकों की रचनाओं के तुलनात्मक विवेचन को प्रोत्साहित किया जाए। राष्ट्रीय स्तर पर एक ऐसे विभाग का गठन किया जाना चाहिए, जो विभिन्न भाषाओं के स्तरीय साहित्य को भारत की अन्य भाषाओं में अनूदित तथा प्रकाशित करे ताकि एक भाषा का साहित्य अन्य भाषाओं के पाठकों के लिए सुलभ हो। राज्यों में काम कर रही अकादमियों को प्रत्येक क्षेत्र में अपने राज्य की देन को महत्त्वपूर्ण सिद्ध करने से रोका जाए तथा उन्हें सार्वदेशीय, अखिल भारतीय साहित्य के संदर्भ में अपने प्रादेशिक साहित्य का उचित मूल्यांकन करने में प्रवृत्त किया जाए, तो राष्ट्रीय एकसूत्रता को बल मिलेगा।

भाषा का मूल धर्म व्यक्ति और व्यक्ति को निकट लाना है। दो आदमियों की भावनाओं, अपेक्षाओं, आकांक्षाओं की अभिव्यक्ति का एकमात्र साधन बनकर भाषा का धर्म दो दिलों को जोड़ना है, उनके बीच अजनबीयत की दीवारें खड़ी करना नहीं है। हम अपने संकीर्ण विचारों और रोगग्रस्त मानसिकता के कारण वर्गीय, साम्प्रदायिक या राजनीतिक हितों की सुरक्षा के मोह में पड़कर यदि इसी प्रकार भाषाओं का दुरुपयोग करते रहे तो शायद हम पहिए को इतना अधिक उलटा घुमा देंगे कि फिर इसे सही लीक पर लाना असम्भव हो जाएगा।

हिन्दी साहित्य गुरुमुखी लिपि में

गुरुमुखी अक्षरों में लिपिबद्ध, नागरी अक्षरों में न होने के कारण, हिन्दी साहित्य जहाँ साहित्येतिहासकारों की उपेक्षा का पात्र बना, वहाँ पंजाबी जगत् ने इसके काफी बड़े भाग को गुरुमुखी अक्षरों में ही प्रकाशित करके पंजाबी का आदिकालीन साहित्य घोषित कर दिया। अतः हिन्दी की अनेक रचनाएँ, उत्कृष्ट होते हुए भी, अपनी भाषा के इतिहास में तो कोई स्थान प्राप्त नहीं कर सकीं परन्तु पंजाबी साहित्य के इतिहास में ऐसे कतिपय ग्रन्थों को समुचित स्थान प्राप्त हो गया। लिपि-भिन्नता की इस विवशता के कारण हिन्दी साहित्य का इतिहास अपूर्ण रह गया है।

पंजाब में रचित साहित्य का एक रोचक पक्ष यह है कि जिस प्रकार आधुनिक काल के आरम्भिक दिनों में गद्य तथा पद्य के लिए भिन्न भाषाओं (खड़ी बोली तथा ब्रज) का प्रयोग प्रचलित था, उसी प्रकार पंजाब में भी अनेकानेक साहित्यकारों ने गद्य तथा पद्य के लिए भिन्न भाषाओं (पंजाबी तथा ब्रज) का प्रयोग किया। पंजाबी भाषा के प्रचार एवं प्रसार के प्रति निष्ठापूर्ण सजगता के बावजूद पंजाबी के अनेक ऐसे लेखक हुए हैं जिन्होंने गद्य-लेखन तो पंजाबी में ही किया है लेकिन कविता के लिए उन्हें हिन्दी का तत्कालीन प्रचलित रूप ब्रज ही अभीष्ट रहा है। इसके दो कारण हो सकते हैं। एक तो यह कि गुरुवाणी के माध्यम से हिन्दी का ब्रज (बल्कि सधुक्कड़ी) रूप पंजाब के जन-मानस में अपनी पैठ बना चुका था और दूसरा यह कि हिन्दी के माध्यम से ये साहित्यकार हिन्दी-भाषी क्षेत्रों में सिखमत का प्रचार करने की इच्छा से ऐसा करते होंगे।

उपरोक्त स्थिति हास्यास्पद भी है और शोचनीय भी कि जितना साहित्य नागरी अक्षरों में उपलब्ध था, इतिहासकारों ने उतने पर ही सन्तोष करके यह समझ लिया कि हिन्दी की महानता सिद्ध करने के लिए जो कुछ हाथ में है, वही पर्याप्त है। परिण ाामस्वरूप मूलतः हिन्दी के लेखक होते हुए भी कतिपय साहित्यकार मात्र लिपि-भिन्नता के कारण हिन्दी पाठकों तक पहुँचने में असमर्थ रह गये। इस लेख में मेरा उद्देश्य क्योंकि गुरुमुखी लिपि में उपलब्ध हिन्दी साहित्य की कैटेलागिंग करना नहीं है अपितु हिन्दी भाषी पाठकों को यह जानकारी देना है कि गुरुमुखी अक्षरों में कैसा सुन्दर

स्तरीय हिन्दी साहित्य सुरक्षित है, इसलिए मैंने चार शताब्दियों (16वीं से 19वीं) के विस्तृत फलक पर से कुछेक महत्त्वपूर्ण बिन्दुओं का चयन किया है।

मनोहर दास मिहरबान

इस सम्बन्ध में सर्वप्रथम मैं सोढ़ी मनोहर दास मिहरबान की चर्चा करना चाहता हूँ क्योंकि मेरी दृष्टि में मिहरबान सर्वाधिक उपेक्षित साहित्यकार हैं। लिपि-भिन्नता के कारण हिन्दी के विद्वानों द्वारा उनकी उपेक्षा तो स्वाभाविक थी ही, परन्तु पंजाबी के विद्वानों ने भी उनकी उपेक्षा की। कारण यह कि पंजाबी विद्वानों के मन में उस परिवार के प्रति वितृष्णा का भाव बड़ा प्रबल था, जिसमें मिहरबान ने जन्म लिया था। इस परिवार ने गुरुगद्दी पर कब्ज़ा करने की धृष्ठता की थी।

मिहरबान की रचनाओं को तीन भागों में बाँटकर देखा जा सकता है। गोसटि (जीवनी साहित्य), परमारथ (व्याख्या साहित्य) तथा वाणी (काव्य-रचना)। गोसटि साहित्य में मिहरबान ने उद्धव, निःकलंकी अवतार, गोरखनाथ, गोरखव्यास, गोपीचन्द, मैनावती, कबीर आदि की गोसटियों के साथ-साथ गुरु नानक की जीवनी लिखी है, जिसे लेखक ने 'सचखण्ड पोथी' नाम दिया है। गद्य में रचित इन गोसटियों की भाषा तत्कालीन प्रचलित परम्परा के विरुद्ध पंजाबी न होकर हिन्दी है। अतः इन रचनाओं का हिन्दी गद्य के विकास में बड़ा महत्वपूर्ण स्थान हो सकता है। परमारथ साहित्य में मिहरबान ने 'सचखण्ड पोथी' में गुरु नानक की वाणी का अर्थ और व्याख्या बड़े सुचारु ढंग से की है। वाणी-रचना में मिहरबान ने कुछेक 'वारों' के अतिरिक्त स्वतन्त्र श्लोक-रचना भी की है। श्लोकों की यह रचना गुरु ग्रंथ साहिब के अनुरूप रागों पर आधारित है तथा इसमें कवि ने अपने नाम की छाप न देकर परम्परा में चली आ रही 'नानक' नाम की छाप दी है।

सन्त रेण

उदासी सम्प्रदाय के सन्त रेण का हिन्दी-काव्य गुरुमुखी लिपि में सुरक्षित हिन्दी साहित्य के एक अन्य आयाम का पता देता है। 1741 में जन्मे सन्त रेण बचपन में ही उदासी सम्प्रदाय में दीक्षित हो गये थे तथा उनकी जीवन भर की साहित्य-साधना का उद्देश्य उदासी विचारधारा को प्रचारित-प्रसारित करना रहा। अपने सुदीर्घ जीवनकाल में सन्त रेण ने पाँच ग्रन्थों की रचना की। ये ग्रन्थ हैं– मन प्रबोध, नानक विजय, नानक बोध, वचन संग्रह तथा उदासी बोध।

'मन प्रबोध' कवि की उपदेशात्मक रचना है, जिसमें कवि ने मानव मन को विषय वासनाओं से दूर रहने की प्रेरणा दी है। 'नानक विजय' नामक महाकाव्य में कवि ने गुरु नानक का जीवनवृत्त कविताबद्ध किया है। 'नानक बोध' की मूल प्रति अब तक अप्राप्य है परन्तु अनुमान है कि इस ग्रन्थ में सन्त रेण ने गुरु नानक के उपदेशों तथा उनके दर्शन की सरल व्याख्या की है। 'वचन संग्रह' में गुरु-शिष्य-संवाद के रूप में ब्रह्म और आत्मा के सम्बन्ध को समझाने का प्रयास किया गया है।

'उदासी बोध' में सन्त रेण ने अपने सम्प्रदाय अर्थात् उदासी मत के इतिहास को सुरक्षा प्रदान की है।

रीतिकाल में हुए इस महाकवि का नाम यद्यपि हिन्दी साहित्य के इतिहास में यथोचित स्थान प्राप्त नहीं कर सका है लेकिन निश्चिय ही कवि रेण की कविता हिन्दी की मूल्यवान् धरोहर है, जिसे पाकर हिन्दी साहित्य-जगत् अपने को गौरवान्वित अनुभव कर सकता है।

भाई सन्तोख सिंह

इस शृंखला में अगला महत्त्वपूर्ण नाम है— भाई सन्तोख सिंह। सन् 1788 में अमृतसर में जन्मे कवि सन्तोख सिंह सारी उम्र विभिन्न राजाओं के आश्रित कवि रहे तथा उन्होंने अनेक ग्रन्थों की रचना की। ब्रजभाषा में रचित, परन्तु गुरुमुखी अक्षरों में लिपिबद्ध, कवि की अनेक रचनाओं में से अब तक उनकी पाँच रचनाएँ उपलब्ध हो चुकी हैं, जिनकी प्रामाणिकता लगभग असंदिग्ध है। ये हैं—नानक प्रकाश, गर्व गंजनी, बाल्मीकि रामायण, आत्म पुराण तथा गुरु प्रताप सूरज।

'नानक प्रकाश' में कवि ने सिख गुरुओं को अकाल पुरुष के अवतारों के रूप में प्रस्तुत करके उनके प्रति अपनी श्रद्धा को अभिव्यक्त किया है। 'गर्व गंजनी' जपुजी की टीका है। 'बाल्मीकि रामायण' बाल्मीकि कृत संस्कृत रामायण का भाष्य है। 'आत्म पुराण' में कवि ने वेदान्त सम्बन्धी अपने ज्ञान के आधार पर कर्म, ज्ञान, भक्ति तथा योग का सम्यक् निरूपण किया है। 'गुरु प्रताप सूरज' में कवि ने सिख गुरुओं की जीवनियों से सम्बन्धित अनेक घटनाओं के वर्णन द्वारा उनकी महिमा स्थापित की है।

भाई सन्तोख सिंह को सिख धर्म के प्रति गहरी आस्था थी तथा सिख गुरु ही उनके इष्ट थे। श्रद्धा का यही भाव था जिससे प्रेरित होकर कवि ने केवल सिख गुरुओं की महिमा एवं महानता को ही अपनी रचनाओं में प्रस्थापित नहीं किया अपितु इधर-उधर बिखरे पड़े सिख इतिहास को क्रमबद्ध करके सुरक्षा प्रदान करने में भी भारी योगदान दिया है।

ज्ञानी ज्ञान सिंह

पंजाबी में गद्य तथा हिन्दी में पद्य-रचना करने वाले साहित्यकार ज्ञानी ज्ञान सिंह का जन्म सन् 1822 में पटियाला राज्य के लौंगोवाल गाँव में हुआ था। कुछ समय उदासी साधुओं के साथ रहकर वे अन्ततः निर्मले सम्प्रदाय में दीक्षित हो गये तथा पटियाला और नाभा राज्यों के आश्रय में रहकर साहित्य-साधना करते रहे। हिन्दी कविता के संदर्भ में यहाँ उनके दो ग्रन्थों का परिचय देना अभीष्ट है— 'पन्थ प्रकाश' और 'रिपुदमन प्रकाश'।

'पंथ प्रकाश' की रचना द्वारा ज्ञानी जी ने सिख राज्य के उत्थान और पतन का इतिहास कविताबद्ध किया है। इस ग्रन्थ में ज्ञानी जी ने गुरु नानक देव को

पुराणों और स्मृतियों के दृष्टान्तों द्वारा अवतारी पुरुष सिद्ध करने का प्रयास किया है। 'रिपुदमन प्रकाश' में नाभा-नरेश रिपुदमन सिंह के जीवन तथा उनके राज्य के स्वानुभूत इतिहास को सुरक्षा प्रदान की है।

इन दोनों ग्रन्थों में कवि की काव्य-मर्मज्ञता तथा इतिहास सम्बन्धी उनके गहन अनुसंधान का परिचय मिलता है। अनेकानेक छन्दों के प्रयोग द्वारा जहाँ एक ओर कवि ने छन्द-रचना में अपनी सिद्धहस्तता का परिचय दिया है, वहाँ दूसरी ओर उनकी शैली इतनी प्रभावोत्पादक सिद्ध हुई है कि पाठक भावविभोर हो उठता है।

अमीर दास

सन् 1775 के आसपास पटियाला राज्य में पैदा हुए कवि अमीर दास भी उदासी सम्प्रदाय में दीक्षित साधू थे परन्तु कवि के रूप में वे अद्भुत प्रतिभा-सम्पन्न कवि होने के साथ-साथ काव्याचार्य भी थे। उनकी काव्य-मर्मज्ञता, काव्यशास्त्रीय ज्ञान तथा विलक्षण कल्पना-शक्ति केवल कविता की रचना तक ही सीमित न थी अपितु उन्होंने काव्यशास्त्रीय तथा काव्येतर ग्रन्थों की रचना भी की।

अभी तक अमीर दास की पाँच रचनाएँ ही उपलब्ध हो पायी हैं। ये हैं—सभा मण्डन, श्रीकृष्ण साहित्य सिंधु, वृत्त चन्द्रोदय, ब्रजराज विलास तथा शेर सिंह प्रकाश। इनके अतिरिक्त तीन ऐसी रचनाएँ हैं, जिनकी रचना के विषय में अन्तःसाक्ष्य से जानकारी प्राप्त होती है लेकिन ये रचनाएँ अनुपलब्ध हैं। इनके नाम हैं—फाग पचीसी, ग्रीष्म विलास और भागवत रत्नाकर। इन आठ काव्य-ग्रन्थों के अतिरिक्त अमीर दास ने तीन काव्येतर ग्रन्थों की रचना भी की है, जिनके नाम हैं—अमीर प्रकाश, वैद्य कल्पतरु तथा अश्व संहिता।

'सभा मण्डन' में कवि ने काव्य की रीतियों का विवेचन किया है। 'श्रीकृष्ण साहित्य सिंधु' में काव्य-शास्त्र की विवेचना की गयी है। 'वृत्त चन्द्रोदय' में छन्द-शास्त्र का विवेचन किया गया है। ये तीनों ग्रन्थ काव्यशास्त्रीय ग्रन्थ हैं, जिनकी रचना के द्वारा अमीर दास आचार्यत्व-प्राप्ति के अधिकारी सिद्ध होते हैं। 'ब्रजराज विलास' सतसई है, जिसमें कृष्ण तथा राधा के विलास का चित्रण किया गया है। 'शेर सिंह प्रकाश' में महाराजा रणजीत सिंह के पुत्र महाराजा शेर सिंह का जीवन-वृत्त कविताबद्ध किया गया है।

साहिब सिंह मृगेन्द्र

सन् 1800 के आसपास लाहौर में जन्मे तथा कालान्तर में जींद दरबार के आश्रित कवि बनकर संगरूर में अवस्थित साहिब सिंह मृगेन्द्र ने हिन्दी साहित्य की श्रीवृद्धि में जो योगदान दिया है, वह शलाघ्य भी है और स्तुत्य भी। अनेक दिशाओं में हिन्दी साहित्य को समुन्नत करने का उनका प्रयास तथा हिन्दी कविता के माध्यम से साहित्येतर विषयों का सशक्त निरूपण उनकी अद्भुत काव्य-प्रतिभा का द्योतक

है। मृगेन्द्र ने यद्यपि अपनी अभिव्यक्ति के लिए ब्रजभाषा को ही माध्यम बनाया लेकिन उनकी सभी रचनाएँ गुरुमुखी लिपि में ही प्राप्त हैं।

मृगेन्द्र ने कुल मिलाकर उन्नीस ग्रन्थों की रचना की। इन ग्रन्थों में प्रेम-काव्य भी है तथा इतिहास सम्बन्धी रचनाएँ भी। राजधर्म की व्याख्या भी इन ग्रन्थों में की गयी है तथा चिकित्सा शास्त्र भी कवि का वर्ण्य-विषय रहा है। इन रचनाओं के नाम हैं—अष्ट महल, रानी राजेन्द्रमती चरित्र, बारामाह, बाजिवृन्द बोध ग्रन्थ, मनु मानस प्रवाह, प्रेम पयोनिधि, श्री गुरु दशम पंचायिका, कृष्ण कौतूहल, श्री भक्तिभाव प्रभाकर, रासमण्डल लीला, बारामासा श्री कृष्ण जी, गुरुमुखी मार्ग ग्रन्थ, फूल वंश प्रकाश, मूरख शतक, निज करतूत नतीजा।

मृगेन्द्र ने अपनी कृतियों में जहाँ एक ओर व्याकरण सम्बन्धी अपने गहन ज्ञान का परिचय दिया है, वहाँ दूसरी ओर इन कृतियों में चिकित्सा सम्बन्धी ज्ञान भी पाठक पर उनकी विद्वत्ता की धाक बिठाता है। मृगेन्द्र के यहाँ मानव-व्यवहार तथा प्रणय की विभिन्न अनुभूतियों का चित्रण उच्चकोटि का है। इतिहास की दृष्टि से उनकी रचना 'फूल वंश प्रकाश' बहुत महत्त्वपूर्ण रचना है। इसमें फूल वंश की उत्पत्ति से लेकर जींद-नरेश रघुवीर सिंह के राज्य तक का वर्णन किया गया है।

सेवा सिंह

19वीं शताब्दी के प्रथमार्द्ध में लाडवा, ज़िला कुरुक्षेत्र, हरियाणा, में जन्मे भाट कवि सेवा सिंह की चर्चा हम यहाँ अपवाद रूप में कर रहे हैं। हिन्दी के इस समर्थ कवि ने अपनी रचनाओं को गुरुमुखी लिपि में नहीं लिखा अपितु भाटों के यहाँ व्यवहृत 'भट्टाक्षरी' लिपि में लिखा था। भट्टाक्षरी लिपि के ज्ञाता अब लगभग अनुपलब्ध हैं। हम तक उनकी रचना क्योंकि गुरुमुखी अक्षरों में ही पहुँची है, इसलिए हम इसे गुरुमुखी लिपि में सुरक्षित हिन्दी साहित्य के अन्तर्गत ले रहे हैं। सन् 1870 में, छज्जू सिंह भट्ट नामक एक सज्जन ने सेवा सिंह के ग्रन्थ 'शहीद विलास' का गुरुमुखी में लिप्यन्तर करके इसे पंजाबी-भाषी पाठकों के लिए सुलभ कर दिया था अन्यथा हम शायद आज भी सेवा सिंह के नाम से अपरिचित होते। सेवा सिंह की यही एक रचना अभी तक उपलब्ध है। सम्भव है उनकी अन्य रचनाएँ भी हों, जो भट्टाक्षरी लिपि से अनभिज्ञता के कारण लोगों के पास बिन पढ़े पड़ी हों या नष्ट कर दी गयी हों।

इस रचना से पंजाब में रचित हिन्दी साहित्य की खोज का एक नूतन आयाम खुलता है। भट्टाक्षरी मुनीमों द्वारा प्रयुक्त की जाने वाली लिपि 'लण्डे' जैसी लिपि है, जिसका प्रयोग भाट-परिवारों तक ही सीमित रहा है। पंजाब के अनेक नगरों में भाट-परिवार रहते रहे हैं और यह सम्भावना निर्मूल न होगी कि इन भाटों ने जो साहित्य-रचना की होगी, वह भट्टाक्षरी लिपि में होने के कारण हिन्दी तथा पंजाबी दोनों भाषाओं के विद्वानों की आँखों से ओझल पड़ी हो।

मुख्यतः दोहा-चौपाई शैली में रचित 'शहीद विलास' में कवि ने प्रसिद्ध सिख योद्धा भाई मनी सिंह की जीवनी को कविताबद्ध किया है। सेवा सिंह की इस रचना का महत्त्व साहित्यिक ही नहीं, ऐतिहासिक भी है। इस ग्रन्थ में वर्णित घटनाओं की प्रामाणिकता असंदिग्ध है। इसका कारण इसके रचयिता का इतिहास सम्बन्धी ज्ञान तथा तत्सम्बन्धी अनुसंधान है। क्योंकि भाई मनी सिंह का परिवार सेवा सिंह के कौशिक भाट परिवार का यजमान था, इसलिए सेवा सिंह ने अपने पूर्वजों के कागज़-पत्रों की छानबीन करके, घर की पुरानी बहियों-पोथियों में दर्ज टिप्पणियों को कुरेदकर तथा परिवार में सीना-ब-सीना चली आ रही कहानियों का उनके साथ तालमेल बिठाकर, इसे प्रामाणिक रूप देने का सजग प्रयास किया है। कवि की इतिहास विषयक सतर्कता का परिणाम यह हुआ कि इस ग्रन्थ में वर्णित तथ्यों का वर्णन जहाँ एक ओर सहज बन गया, वहाँ दूसरी ओर उनके वर्णन में कहीं शिथिलता नहीं आने पायी।

भाई कान्ह सिंह

नाभा के निकटवर्ती गाँव छोटे बनेरे में, सन् 1861 में जन्मे भाई कान्ह सिंह की जिन कृतियों से पंजाबी साहित्य गौरवान्वित हो रहा है, उनमें कई कृतियाँ ऐसी हैं, जनकी रचना मूलतः हिन्दी में की गयी थी तथा तदनन्तर स्वयं ही भाई कान्ह सिंह ने उन्हें पंजाबी भाषा में रूपान्तरित किया था। कवि, इतिहासकार, अनुसंधाता, काव्य-मर्मज्ञ, गद्य लेखक भाई कान्ह सिंह द्वारा रचित साहित्य निश्चय ही हिन्दी की थाती है तथा इस पर हिन्दी जगत् भी उतना ही गर्व कर सकता है, जितना पंजाबी जगत् कर रहा है।

भाई कान्ह सिंह ने लगभग चौबीस ग्रन्थों की रचना की है। इनमें उनकी राजनीति सम्बन्धी रचना 'राजधर्म'; सिखमत के प्रचारार्थ लिखी गयी पुस्तकें 'हम हिन्दू नहीं', 'गुरुमत सुधाकर', 'गुरु गिरा कसौटी', 'गुरुशब्द रत्नाकर'; छन्दोलंकार पर आधारित रचनाएँ 'गुरु छन्द दिवाकर', 'गुरु शब्दालंकार', 'गुरु दीप पिंगल' और यात्रा-साहित्य की रचनाएँ 'पहाड़ यात्रा' तथा 'विलायत यात्रा' सम्मिलित हैं। इन रचनाओं में भाई कान्ह सिंह कवि, गद्य लेखक, टीकाकार, कोशकार, राजनीतिज्ञ, समाज सुधारक तथा सिखमत के आख्याता के रूप में हमारे सामने आते हैं।

कवि के रूप में भाई कान्ह सिंह हिन्दी के परम्परावादी कवि हैं। उनकी कविता में भक्ति सम्बन्धी उद्गारों को भी अभिव्यक्ति मिली है तथा काव्यशास्त्र की प्रतिष्ठा का अप्रत्यक्ष विधान भी किया गया है।

सन्त सम्पूर्ण सिंह

सन् 1877 में, तरनतारन में जन्मे सन्त सम्पूर्ण सिंह साधारण साधुओं की अपेक्षा सुनियोजित एवं स्वाध्यायपूर्ण व्यक्तित्व के स्वामी हुए हैं। पंजाबी में गद्य तथा पद्य रचने के साथ-साथ सम्पूर्ण सिंह हिन्दी में भी कविता लिखते रहे। हिन्दी में उनकी दो

रचनाएँ विशेष महत्त्व की धारणी हैं। एक 'आत्म निरूपण' का छन्दबद्ध भाषानुवाद तथा दूसरी 'श्री आनन्द भास्कर'। इन दोनों काव्य-पुस्तकों में कवि ने वेदान्त का रहस्य सरल ढंग से समझाकर पाठकों को मत-मतान्तरों के भ्रमजाल से बचने की प्रेरणा दी है।

संत सम्पूर्ण सिंह ने 'स्त्री सत्संग' की स्थापना करके भारतीय नारियों के उत्थान का बीड़ा उठाया था तथा उन्हें अध्यात्म शक्ति प्रदान करने का जो प्रयास आरम्भ किया था, वह आज भी उनकी स्मृति के रूप में विद्यमान है। जीवन के मुक्त विहार में विश्वास रखने वाले इस कवि की कविता में मानवीय सांसारिक सम्बन्ध मिथ्या होकर प्रकट हुए हैं तथा सार तत्त्व के रूप में समस्त आत्माएँ एक ही ब्रह्म के प्रसार के रूप में स्थापित हुई हैं।

उपरोक्त परिचयात्मक विवेचन से यह अनुमान लगाना सहज हो जाता है कि गुरुमुखी अक्षरों में हिन्दी साहित्य का विशाल भण्डाल सुरक्षित पड़ा है, जिसे नागरी अक्षरों में रूपान्तरित करके हिन्दी की मुख्य धारा में मिलाना न केवल हिन्दी साहित्य को गौरवान्वित करने के लिए ही ज़रूरी है बल्कि इन साहित्यकारों के साथ न्याय करने के लिए भी इस दिशा में कदम उठाने की आवश्यकता है।

हिन्दी-पंजाबी साहित्यानुवाद

सभ्य मानव समाज ने सदा ही अपनी विचार-निधि में नूतन विचारों के समावेश का प्रयत्न किया है तथा यह जानना उसकी सहज इच्छा रही है कि वे लोग, जिनकी भाषा से वह परिचित नहीं है, जीवन तथा जगत् के प्रति क्या दृष्टिकोण रखते हैं। मनुष्य की इसी सहज इच्छा से प्रेरित होकर कुछ लोग सायास अन्य भाषाओं का ज्ञान प्राप्त कर, उस ज्ञान को अपने सह-भाषियों के साथ बाँटने का प्रयास करते हैं। इसी प्रयास को अनुवाद कहा जाता है।

अनुवाद की प्रवृत्ति जैसे-जैसे परिष्कृत होती गयी, कला का रूप धारण करती गयी और तब यह मात्र जानने की इच्छा न हरकर, अपने लिए विभिन्न आयाम खोजने लगी। इन आयामों में प्रथम था—दूसरी भाषाओं के शब्द-सामर्थ्य द्वारा अपनी भाषा के सामर्थ्य में वृद्धि करना। विभिन्न सभ्यताओं और संस्कृतियों को निकट लाने का प्रयास भी इन आयामों में से एक था। एक अन्य महत्त्वपूर्ण आयाम था अपनी भाषा में स्वस्थ साहित्य के अभाव की पूर्ति के लिए रचनात्मक परिवेश के सृजन की लालसा। इन सभी आयामों ने अनुवाद की कला को एक कठिन परन्तु लाभकारी कला बना दिया।

भारत जैसे बहु-भाषी देश में शायद अनुवाद की आवश्यकता अन्य देशों की अपेक्षा कहीं अधिक है। इसका कारण यह है कि यहाँ के लोग विभिन्न मत-मतान्तरों के अनुयायी होते हुए भी, विभिन्न प्रकार की वेशभूषा तथा खान-पान के बावजूद, राष्ट्रीयता के उस सूत्र से कभी विलग नहीं रह पाए, जिसे भारतीयता कहा जाता है। पिछले कुछ दशकों में राष्ट्रीय मुख्य धारा की बात ने बहुत बल पकड़ा है। कारण स्पष्ट है कि हमारे बुद्धिजीवियों को राष्ट्रीयता का वह सूत्र कहीं शिथिल पड़ता हुआ दिखाई दे रहा है, जो हम सबको बाँधकर एक माला में पिरोए हुए था। इसके कारण कुछ भी रहे हों, मुख्य धारा की चिन्ता का ऊर्ध्वमुख होना यह तो सिद्ध करता है कि देशवासी कहीं न कहीं इस मुख्य धारा से परे हट गये हैं, जिन्हें लौटाकर लाए बिना राष्ट्रीयता की पहचान का ख़तरा उत्पन्न हो सकता है। इसके लिए सामाजिक, राजनीतिक तथा आर्थिक धरातलों पर भी प्रयास किए जा रहे हैं

लेकिन हमारा सरोकार तो इस समय साहित्य की भूमिका से है। अतः इस संदर्भ में, साहित्यकार के दायित्व का आरम्भ ही अनुवाद के महत्त्व तथा उसकी उपादेयता की स्थापना से होता है।

अब तक हिन्दी की जितनी पुस्तकें पंजाबी में या पंजाबी की जितनी पुस्तकें हिन्दी में अनूदित होकर प्रकाशित हो चुकी हैं या जितनी पत्रिकाएँ एक-दूसरे की भाषा से सम्बद्ध विशेषांकों का प्रकाशन कर चुकी हैं, उनको सूचीबद्ध करना या उनके विषय में आलोचनात्मक अध्ययन प्रस्तुत करना शायद कोरा अकादमिक योगाभ्यास होगा, इसलिए मैं यहाँ इससे गुरेज़ कर रहा हूँ परन्तु जितने अनुवाद मेरी दृष्टि से गुज़रे हैं, उनके विषय में यद्यपि निश्चय के साथ यह कहना तो कठिन होगा कि अनुवादकों ने वे अनुवाद राष्ट्रीय मुख्य धारा के बलवतीकरण की प्रतिबद्धता के साथ किए हैं परन्तु इस दिशा में उनके योगदान को नकारना भी किसी प्रकार तर्कसंगत नहीं होगा।

मैंने सदा ही इस बात पर ज़ोर दिया है कि पंजाब में रचे गये या रचे जा रहे साहित्य को हिन्दी ही नहीं, भारत की अन्य भाषाओं में भी अनूदित करके प्रकाशित किया जाना चाहिए। इसका कारण यह है कि हमारा वर्तमान समाज जिन विभिन्न संस्कृतियों तथा सभ्यताओं के सहज समावेश में से उभरा है, उन सभी का प्रवेश-द्वार पंजाब रहा है। विदेशी चाहे हाथ में तलवार पकड़कर आये हों या माला पकड़कर, भारत-प्रवेश के बाद सबसे पहले उन्हें पंजाब की धरती का स्पर्श प्राप्त हुआ तथा यहाँ की मिट्टी से परिचय प्राप्त करने के बाद ही वे भारत के किसी अन्य प्रदेश में गये हैं। बाहर की संस्कृतियों का भारतीय संस्कृति के साथ प्रथम साक्षात्कार पंजाब की धरती पर ही हुआ और इसके दुखद या सुखद परिणाम भी सबसे अधिक पंजाब को ही झेलने पड़े हैं। फलतः पंजाब का साहित्यकार, चाहे उसने सृजन के लिए किसी भी भाषा को माध्यम बनाया हो, मूलतः विभिन्न संस्कृतियों के मिलन, मिश्रण या टकराव से अपने संस्कार ग्रहण करता रहा है और मिली-जुली संस्कृति के संस्कारों को पोषित करता रहा है, जिसे आज हम सगर्व भारत की सभ्यता का नाम देते हैं। पंजाब की मिट्टी के साहित्यिक उर्वरापन को बनाए रखने की आवश्यकता भी मेरी दृष्टि में उतनी ही महत्त्वपूर्ण है, जितनी पंजाब में रचित साहित्य को अन्य भाषा-भाषी लोगों तक पहुँचाने की। अन्य भारतीय भाषाओं का साहित्य जिस मात्रा में और जिस गति के साथ पंजाबी में अनूदित होना चाहिए था, नहीं हुआ। परिणामस्वरूप पंजाबी में नवीन शब्दों की तलाश और अर्थ की दृष्टि से रचना के माध्यम से अन्य भाषाओं के सामर्थ्य को पहुँचने का क्रम भी विकसित नहीं हो पाया है।

हिन्दी से पंजाबी या पंजाबी से हिन्दी में अनूदित साहित्य के प्रयासों के मूल में प्रायः धनोपार्जन ही मुख्य प्रेरक तत्त्व रहा है। भाषा विभाग हो या साहित्य अकादमी, नेशनल बुक ट्रस्ट हो या विश्वविद्यालय, अधिकांश अनुवाद कार्य किसी संस्था के

समानुदेशन पर ही हुआ है।

अनुवाद न तो शब्दार्थ होता है तथा न कृति का भावार्थ ग्रहण करके उसे अपने शब्दों में प्रस्तुत करने को ही अनुवाद कहते हैं। अनुवाद के लिए आवश्यक शर्त यह है कि भावार्थ के साथ-साथ अनुवादक अपनी भाषा-शैली के सामर्थ्य में नयी सम्भावनाओं को जन्म देकर अपनी मूल भाषा-शैली को ऐसा सहज रूप प्रदान करे कि अनुवाद मूल का पर्याय बन जाए। यह कार्य इतना आसान नहीं है, जितना आसान इसे प्रायः समझा जाता है। इसके लिए अनुवादक को अपने व्यक्तित्व को त्यागना होता है और मूल लेखक की कृति में डूबकर, उसके रचयिता के व्यक्तित्व को खोजकर, इस प्रकार ओढ़ना होता है कि दोनों व्यक्तित्व एक हो जाएँ। तभी जाकर अनुवादक मूल लेखक की आत्मा के साथ-साथ उसकी शैली को समेट पाने में सफल होता है। यह निर्विवाद सत्य है कि भाषाओं की शैली युगानुसार परिवर्तित होती रहती है। अतः अनुवाद के माध्यम से विकसित भाषाओं की शैली का अपनी शैली में समावेश करके, जब तक अपनी भाषा की सामर्थ्य-वृद्धि नहीं की जाती, तब तक अनुवाद में उस सहजता का अभाव बना रहेगा, जिसे अनुवाद को मूल कृति का पर्याय बनाना है।

उपलब्ध अनूदित साहित्य की गुणवत्ता, उपादेयता, उत्कृष्टता आदि को स्वीकार करते हुए भी मैं बहुत विनम्रता के साथ निवेदन करना चाहता हूँ कि मुझे अभी तक हिन्दी से पंजाबी में या पंजाबी से हिन्दी में अनूदित किसी ऐसी कृति की तलाश है, जिसमें अनुवादक ने अपने निजत्व को खोकर मूल लेखक के भाव-जगत् के साथ आत्मसात् कर लिया हो। दूसरे शब्दों में कहूँ तो मुझे अभी ऐसे किसी अनुवाद की तलाश है, जिसे पढ़ते हुए मुझे यह अनुभव हो कि मैं अनुवाद नहीं, उपन्यास, कहानी या कविता पढ़ रहा हूँ।

हिन्दी से पंजाबी या पंजाबी से हिन्दी में अनुवाद करते समय प्रायः अनुवादकों की दृष्टि शब्दानुवाद पर केन्द्रित रही है। परिणामस्वरूप अनूदित कृतियों से उस रस की प्राप्ति दुर्लभ हो गयी है, जो पाठक की सहज पिपासा है। उदाहरण के लिए राजन प्रभाकर द्वारा हिन्दी से पंजाबी में अनूदित प्रेमचन्द के 'वरदान' से एक अंश लेता हूँ–

> "जातियाँ दी उन्नति अते अवनति ते उसदे कारणां अते गति
> आदि पुर ओह विचार करदा सी। इस समें उसदी मेहनत
> ते उद्योग दे प्रेरक ते वाधे लई खास तौर पुर सुनण
> वालियाँ दे अनुवाद ही हुंदे सन।"

इस अंश में न केवल पंजाबी भाषा की सहजता ही लोप हो गयी है अपितु दोनों वाक्य सम्प्रेषण-शक्ति से भी विहीन प्रतीत हो रहे हैं।

एक अन्य उदाहरण लें। सोहन सिंह सीतल के उपन्यास 'जंग ते अमन' के

एक अंश का अनुवाद देखें–

"मास के अन्तिम शनिवार तथा रविवार की दो इकट्ठी
छुट्टियाँ आती हैं। इस सुविधा को मुख रखकर महिन्द्र
की तीसरी बार जाने की तिथि जनवरी का आखरी
सप्ताह पक्की हुई।... उसके देखते कृपाल चंचल
मन को दोनों हाथों से दबाती हुई भीतर जा छिपी।
उसकी समआयु सहेलियों ने महिन्द्र के चारों
ओर घेरा डाल लिया।"

यहाँ भी शब्दानुवाद ही अनुवाद का आधार रहा है अन्यथा अनुवादक को सम्भवतः विदित ही रहा होगा कि हिन्दी-भाषी पाठक के लिए 'मुख रखकर', 'चंचल मन को दोनों हाथों से दबाकर' या 'समआयु सहेलियाँ' जैसे वाक्यांश पढ़कर मूल कृति की आत्मा में उतरना सम्भव नहीं है।

इसी प्रकार के अनेक उदाहरण अमृता प्रीतम के अनूदित उपन्यास 'दिल्ली की गलियाँ' में अनायास ही मिल जाते हैं। देखिए–

"एक दिन सुभाषचन्द्र होरां ने हम सबको बुलाकर कहा कि मुझे तो रूपोश हो जाना है।"

''फिर एक गुण आज पाँच रुपये में खरीद ले। पूरी नहीं तो अधिया ही बन जाएगी हमारी।''

"मैं रात बहुत थकी हुई थी। रात अच्छी तरह सो नहीं सकी।"

या कर्तार सिंह दुग्गल के उपन्यास 'हाल मुरीदाँ दा' के अनुवाद में–

"सिख कइयाँ, बेलचे, गैतियाँ उठाए जलूस की शक्ल में छठी पातशाही के गुरुद्वारे की जगह पहुँचे।"

शब्दानुवाद की इस प्रवृत्ति के सहज परिणामस्वरूप कई बार तो ऐसा होता है कि अनुवादक मूल भाषा की शैली को इस प्रकार ओढ़कर चलता है कि अनुवाद की भाषा अपनी छटा बनाने में असमर्थ रह जाती है या फिर बहुत कुछ उसके हाथों अनूदित होने से छूट जाता है। ये दोनों स्थितियाँ न केवल अनुवाद द्वारा निर्मित होने वाले विशेष प्रभाव को ही क्षति पहुँचाती हैं बल्कि पाठक का रस-भंग करने को भी तत्पर रहती हैं। निश्चय ही पंजाबी-भाषी पाठक जब हिन्दी से अनूदित किसी कृति में संस्कृतनिष्ठ या हिन्दी-उच्चारण के अनुरूप तत्सम शब्दों का प्रयोग-बाहुल्य देखता है तो उसे पंजाबी मुहावरे के साथ बलात्कार होता हुआ महसूस होता है। अनुवादक का हिन्दी की शैली को ओढ़ने का प्रयास तो अपनी जगह रहता है लेकिन वह उस शैली को अनुवाद की भाषा-शैली में खपा न सकने का दोषी अवश्य हो जाता है। उदाहरण के लिए गुलज़ार सिंह संधू सियाराम शरण गुप्त के उपन्यास 'नारी' का अनुवाद करते हुए जब तत्सम बहुल शैली अपनाते हैं, तब उनका अनुवाद अनेक

स्थलों पर मूल भाषा की शैली से आच्छादित हो जाता है। देखिए–

"ओह विवश हो गया। इधर जो ओह निश्चा कर
चुक्किया सी, उस ते हुण होर दृढ़ रहन दी शक्ति
उस विच नहीं सी। विह्वल होके उसने किहा।"

या फिर इसके विपरीत यह होता है कि मूल तथा अनुवाद दोनों की भाषा का मुहावरा लुप्त हो जाता है तथा किसी तीसरी भाषा का मुहावरा ही हावी हो जाता है। कर्तार सिंह दुग्गल के अनूदित उपन्यास 'हाल मुरीदाँ दा' में अनेक स्थलों पर उर्दू का रंग इतना गहरा हो गया है कि यदि ऐसे अंशों को अलग करके देखा जाए तो ये न हिन्दी के हैं, न पंजाबी के, ये उर्दू के अंश हैं। देखिए–

"सरकार को शक था कि देश की आज़ादी के
लिए आवाज़ उठाने वाले लोगों के साथ उसकी
हमदर्दी थी। कंवलजीत के पिता को नौकरी
पर बहाल कर दिया गया, उसके ख़िलाफ़
यह शिकायत थी कि वह रिश्वत लेता था।"

पंजाबी से हिन्दी में अनूदित हुए साहित्य में प्रायः यह देखा गया है कि जहाँ कहीं अनुवादक को मूल भाषा के समुचित पर्यायों का तत्काल स्मरण नहीं हो पाया, वहाँ पर उसने मूल शब्दों को ज्यों का त्यों खपाकर काम चला लिया। इस जल्दबाज़ी का कारण कुछ भी रहा हो, अनुवादक पाठक की रुचि पर आघात करने का दोषी तो बनता ही है। अमृता प्रीतम की कहानियों और कविताओं के साथ ऐसा ही हुआ है। उनकी कहानियों के अनुवाद में अनुवादक श्रम से बचने में तो सफल हो गया है लेकिन उसके हाथों हिन्दी-भाषी पाठका का मज़ा जो किरकिरा हुआ है, उसका उत्तरदायित्व तो उस पर बना ही रहेगा।

"और फिर एक दिन होनी के समान एक घटना घट गयी।"

"काम एक तल्खी से वे आगे भी करती थी।"

"लेखकों की बात चलती लेखकों के ईमान पर आ गयी।"

"राह जाते हुओं का काम सँवारने की मोना को एक लगन थी।"

इन वाक्यों के अनुवाद में हिन्दी का मुहावरा क्षतिग्रस्त हुआ है। 'होनी की तरह', 'पहले भी किया करती थीं', 'राह चलते हुए लोगों' पढ़ने-बोलने का अभ्यस्त हिन्दी पाठक उपरिलिखित वाक्यों की शैली को कैसे पचाएगा, इसकी चिन्ता शायद अनुवादक ने नहीं की।

लगभग यही हाल अमृता प्रीतम की कविताओं के अनुवाद का है। यहाँ भी कुछेक शब्दों को या तो अनुवाद किए बिना ही छोड़ दिया गया है या फिर अनुवाद मूल रचना से दूर जा पड़ा है।

"रात-कुड़ी ने दावत दी

सितारों के चावल फटककर
यह देग किसने चढ़ा दी।"

यहाँ अनुवादक ने 'रात-कुड़ी' का प्रयोग तो कर लिया लेकिन उसने यह नहीं सोचा कि हिन्दी का पाठक 'कुड़ी' शब्द का अर्थ ढूँढने कहाँ जाएगा।

पद्यांश था—

"मेरा शहर जदों तूँ छोहया
अम्बर आखे मुट्ठां भरके
अज मैं वाराँ तारे।"

अनुवाद हुआ है—

"मेरे शहर ने जब तेरे कदम छुए
सितारों की मुट्ठियाँ भरकर
आसमान ने निछावर कर दीं।"

अनूदित प्रथम पंक्ति में कर्त्ता ही बदल गया है। अमृता का नायक शहर को छू रहा था, अनुवादक ने शहर को कर्त्ता बनाकर उसी से नायक के पैर छुआ दिए। फिर, अमृता ने यहाँ आसमान की एक कामना की कल्पना की थी कि वह मुट्ठियाँ भरकर सितारे न्यौछावर करना चाहता है, अनुवादक ने उस कामना को क्रियान्वित भी कर दिया।

कविता की पंक्तियाँ थीं—

"वेख नज़राँ वालया बहिनीं आँ तेरे साम्हणे
तली विचों हिज्र दी छिलतर नूँ कड्ढ़ दे।"

अनुवाद हुआ है—

"देख नज़र वाले तेरे सामने बैठी हूँ
मेरे हाथ से हिज्र काँटा निकाल दे।"

यहाँ भी 'नज़राँ वालया' का अनुवाद 'नज़र वाले' करके नायक की ज्ञान-क्षमता को सीमित कर दिया गया है तथा 'बहिनीं आँ तेरे सामने' के प्रस्ताव को 'सामने बैठी हूँ' में ढाल दिया गया है। फिर 'छिलतर' को 'फाँस' से 'काँटे' में परिवर्तित करके और 'तली' को 'हथेली' से 'हाथ' में परिवर्तित करके इन शब्दों की पदोन्नति तो कर दी गयी है लेकिन पाठक पर इसका क्या प्रभाव पड़ेगा, यह अनुवादक ने नहीं सोचा।

अनुवाद करते समय समुचित पर्यायों के अभाव का सिवाय श्रमाभाव के अन्य कोई कारण दिखाई नहीं देता। 'भूले बिसरे चित्र' के अनुवाद में गुरदयाल सिंह ने 'तिलक' की रस्म को ज्यों का त्यों रख लिया हालाँकि पंजाब के इस कुशल चितेरे को भली-भाँति विदित है कि पंजाब का साधारण पाठक तिलक से अनभिज्ञ है। इसका पर्याय 'कुड़माई' उसके पास था लेकिन अनुवाद की प्रक्रिया में रुककर विचार करने की फ़ुर्सत शायद उसके पास नहीं थी।

अनुवाद करते समय सबसे अधिक कठिनाई लोक-गीतों के अनुवाद में आती है। लोक-गीतों में ठेठ बोलचाल के सटीक शब्दों की भरमार होती है तथा दूसरी भाषा में उनके पर्याय खोज पाना काफी मुश्किल होता है। तब भी उनको ज्यों का त्यों छोड़कर पाठक को उनका अर्थ अन्यत्र खोजने पर बाध्य करना भी न्याय संगत नहीं है। इसके लिए अत्यधिक श्रमसाध्य कुशलता के साथ भी अपेक्षित भावानुवाद सम्भव न हो रहा हो तो कम से कम पाद-टिप्पणियों के रूप में कठिन शब्दों के अर्थ देना तो बनता ही है परन्तु हिन्दी उपन्यासों के पंजाबी अनुवादों में इतना भर श्रम करने से भी गुरेज़ किया गया है। 'मैला आँचल' का पंजाबी में अनुवाद करते समय जसवन्त सिंह विरदी ने लोक-गीतों को पाठक की श्रम-साधना पर छोड़कर अपना कार्य सम्पन्न कर लिया।

"डॉक्टर महसूस करदा है, कमला दे निऊँदे
नूँ न स्वीकार करन दी हिम्मत उहदे च नहीं।
कमला बैनर्जी। कमला दियाँ अक्खाँ–
चाँद बयरि भेल बादल
मछली बयरि महाजाल
तिरिया बयरि दुहुलोचन।"

कमला की आँखों को मूल लेखक ने जिस भावुकता के साथ प्रस्तुत किया है, उस तक पाठक को कैसे पहुँचना है, इसकी चिन्ता अनुवादक ने नहीं की। या फिर जहाँ कहीं अनुवादक को इसकी चिन्ता हुई भी है, वहाँ उसका अनुवाद मूल भाव के सम्प्रेषण में इतना पंगु हो गया है कि पाठक वितृष्णा का अनुभव करने लगे। उसके द्वारा किया गया 'अरे बाप' का 'हाय बापू', 'ऐ माँ' का 'माये जी', 'पेट चलने लगा' का 'पेट चल्लन लगा' जैसा अनुवाद पाठक पर क्या प्रभाव डालता होगा, इसका अनुमान लगाना कठिन नहीं है।

आवश्यकता से अधिक लम्बे वाक्यों में अनुवाद करते समय यह दिक्कत पेश आती है कि न तो अनुवाद ही रुचिकर बन पाता है, न भाषा का ठाठ ही कायम रह पाता है क्योंकि पाठक को वाक्यांशों के भीतर का हिसाब बिठाने के लिए रुकना पड़ता है, जो उसे कभी प्रिय नहीं होता। अमृतलाल नागर के उपन्यास 'बूँद और समुद्र' के पंजाबी अनुवाद में अनुवादक ने एक स्थान पर एक वाक्य लिखा है–

"सिनमे वाले बाऊ दा पता, जिहदी 'बहार आयी रे'
फिल्म शहर विच आयी सी, नन्दो नूँ अपनी
धंदेदार सहेली कैलाशो दी बहू राहीं, जो
शायद उहदी किसे सहेली राहीं, इक धंदेदार
साथी जो कि सिनमे दा गेटकीपर सी, ने
दस्सिया सी, दो दिन पहलाँ उहो महाकवि

बोर नूँ कैलाशो दी नूँह दे घर नन्दो नाल
मिलाउण ल्याया सी।”

इस वाक्य के अंशों का हिसाब लगाए बगैर इसके अर्थ तक पहुँचना लगभग असम्भव है।

अनुवाद करते समय जहाँ कहीं भी सतर्कता अनुवादक का साथ छोड़ती है, वहीं अनुवाद व्याकरण की अशुद्धियों से लदना शुरू हो जाता है। ऐसी स्थिति में या तो सम्बोधन-परिवर्तन के कारण गद्यांश विकृत हो जाते हैं या वे अनुवाद की भाषा के मुहावरे से उखड़ जाते हैं। पहली हालत में– “लखमी चन्द निकलो ऐत्थों बाहर। हुणे निकलो। तेरी सारी धन-दौलत तेरे कोल ऐ।” जैसे सम्बोधन-दग्ध वाक्य बन जाते हैं और दूसरी हालत में– “उह वी बड़ा मक्खन मार मार के बोल्या” जैसे वाक्य बन जाते हैं, जो अनुवाद की भाषा का ठाठ बिगाड़ते हैं।

इससे न तो यह निष्कर्ष निकालना चाहिए कि अभी तक पंजाबी से हिन्दी में या हिन्दी से पंजाबी में जो अनुवाद हुए हैं, वे सब निम्न स्तर के हैं तथा न इस निर्णय पर पहुँचना चाहिए कि जब तक हमारे अनुवादक अनुवाद-कला में पारंगत नहीं हो जाते, तब तक अनुवाद कार्य को स्थगित रखना चाहिए। अनुवाद की जिन सामान्य त्रुटियों की ओर मैंने संकेत किया है, उससे मेरा उद्देश्य मात्र अनुवादकों को सचेत करना है ताकि दोनों भाषाओं का सम्पर्क और गहरा हो तथा दोनों भाषाओं के पाठक अपनी-अपनी भाषा में उच्च कोटि के साहित्य का आनन्द ले सकें। इस सम्बन्ध में मेरा आग्रह तो यह भी है कि पंजाबी से हिन्दी में अनूदित होने वाले साहित्य के मुकाबले इससे दुगना साहित्य पंजाबी में अनूदित होना चाहिए। इसके दो कारण हैं। पहला यह कि पंजाबी की अपेक्षा हिन्दी-भाषी क्षेत्र बहुत बड़ा है और उसमें बोलियों की विविधता उपलब्ध है। अधिक अनुवाद होने से पंजाबी का पाठक तथा रचनाकार हिन्दी के विशाल चित्र पटल से परिचित होगा तो निश्चय ही उसकी सर्जना शक्ति अभिव्यक्ति के नये आयाम ढूँढने में प्रवृत्त होगी। दूसरे यह कि इससे पंजाबी भाषा के शब्द-भण्डार में वृद्धि होगी तथा इसकी शैली में सामर्थ्य-वृद्धि की सम्भावनाओं का मार्ग प्रशस्त होगा।

मैं इस सिलसिले में पहले भी यह आग्रह कर चुका हूँ तथा इसे बलपूर्वक दोहराना चाहता हूँ कि भारतीय मुख्य धारा के द्रुत निर्माण के लिए तथा भारतीय जन-मानस में से क्षेत्रीयता का मोह कम करने के लिए यह आवश्यक है कि राष्ट्रीय स्तर पर एक ऐसे विभाग का गठन हो, जो विभिन्न भारतीय भाषाओं में रचित उत्कृष्ट साहित्य का अविलम्ब अन्य भाषाओं में अनुवाद करे ताकि सम्पूर्ण राष्ट्र में विचारधारा और चिन्तनशीलता का एक समान धरातल निर्मित हो सके। भारत की अखण्डता तथा भारतीयों की सहिष्णुता एवं सद्भावना को पुष्ट करने का यह उपाय समय की माँग भी है और क्रियान्वयन की दृष्टि से कुछ ऐसा कठिन भी नहीं है।

हिन्दी सूफ़ी-कविता का पुनर्मूल्यांकन

भारत में सूफ़ी-सन्तों का प्रवेश पंजाब के रास्ते से हुआ। अधिकतर सूफ़ी-सन्त फ़ारसी भाषा के ज्ञाता थे तथा यही उनकी बोलचाल की भाषा थी। यह अनुमान लगाना अनुचित न होगा कि फ़ारसी में रचे गये समृद्ध सूफ़ी-साहित्य का परिचय भी उनको प्राप्त था। भारत में सूफ़ियों का आगमन मूलतः धर्म-प्रचार तथा मानव-कल्याण की भावना से प्रेरित था। अतः यह आवश्यक था कि वे भारत के जन साधारण से उनकी बोलचाल की भाषा में बात करते तथा उनके परिवेश में व्याप्त प्रतीकों एवं बिम्बों के माध्यम से अपनी बात कहते। सम्भवतः यही कारण है कि जो सूफ़ी-सन्त भारत के जिस प्रदेश में भी बसा, उसने वहीं की प्रादेशिक भाषा को अभिव्यक्ति का माध्यम बना लिया।

प्रादेशिक भाषाओं को माध्यम बनाने का एक अन्य कारण भी रहा होगा। वह यह कि सूफ़ियों के भारत-आगमन के दौर में भारत की कोई एक केन्द्रीय भाषा न थी। ऐसी कोई एक भाषा तो आज भी नहीं है, जिसे समस्त भारतीय जनता बोलती-समझती हो लेकिन उस ज़माने में तो भारत भौगोलिक इकाई होते हुए भी न एक राष्ट्र था, न एक राज्य। विभिन्न राज्यों में बँटे भारत में राज्यों के अपने कानून थे, अपने सिक्के थे, अपनी परम्पराएँ थीं तथा अपनी बोलियाँ थीं।

इस पृष्ठभूमि को दृष्टिगत रखकर विचार किया जाए तो भारतीय सूफ़ी-साहित्य में स्वतन्त्र 'हिन्दी सूफ़ी-साहित्य' की खोज असम्भव है। लेकिन हमने क्योंकि हिन्दी की उप-भाषाओं में रचे गये साहित्य को भी हिन्दी-साहित्य मान लिया है, इसलिए हम अवधी तथा ब्रज में रचे गये सूफ़ी-साहित्य को ही हिन्दी सूफ़ी-साहित्य की संज्ञा देकर वर्षों से इस पर चिन्तन-मनन करते आ रहे हैं। प्राप्त सूफ़ी-साहित्य में इन दोनों भाषाओं, अर्थात् ब्रज तथा अवधी को वरीयता प्राप्त है।

हिन्दी में सूफ़ी-साहित्य की रचना तीन रूपों में हुई है। कुछ रचनाएँ ऐसी हैं, जिनमें कवियों ने सूफ़ी विचारधारा को स्पष्ट करते हुए, सूफ़ियों की साधना-पद्धति को प्रकाशित किया है। ऐसी रचनाओं को हम **'मत प्रकाशक काव्य'** कह सकते हैं। हिन्दी में इस उद्देश्य से रची गयी पहली रचना मलिक मुहम्मद जायसी

की 'अखरावट' है। जायसी ने इसमें सूफ़ी दृष्टि से सृष्टि-रचना-पूर्व की ब्रह्मावस्था से लेकर जीवन-जगत्-उत्पत्ति के बाद की अध्यात्म-साधना द्वारा साधक की आत्मा के परम सत्य के साथ एकमेक होने तक की अवस्था का वर्णन किया है। इस काव्यकृति में जायसी ने जीवन एवं जगत् की रचना से पूर्व की स्थिति को 'अन्धकूप' की-सी स्थिति बताया है, जिसे सूफ़ी-दर्शन में 'अल-अमाँ' (भयावह) स्थिति कहा गया है। इस स्थिति में निज रूप-दर्शन की इच्छा से परमात्मा ने 'नूरे-मुहम्मद' के माध्यम से सृष्टि की रचना की। रचनाकार्य को सम्पन्न करने के लिए प्रभु ने चार फ़रिश्तों– जिब्राईल, मीकाईल, इस्राफ़ील और इज़राईल– का सृजन किया, जिन्होंने ईशादेश पर चार तत्त्वों– अग्नि, वायु, जल तथा पृथ्वी– का संयोग कराया। मानव के पंचभूता शरीर का निर्माण किया गया तो उसमें सबसे ऊपर 'प्रेम देस' (सहस्रार) रख दिया, जिसे साधना द्वारा खोलकर मानव का जीव, पंचभूता शरीर के रहते भी, ब्रह्म का साक्षात्कार कर सकता है। इस कृति में जायसी ने आत्मा, सृष्टि तथा परमात्मा के पारस्परिक सम्बन्ध की विशद व्याख्या की है और सूफ़ी दृष्टि से सप्त ग्रहों को भी परिभाषित किया है।

'अखरावट' की भाँति ही जायसी ने 'कहरानामा' में साधना द्वारा आत्मा के प्रभु से मिलन को सम्भव बताते हुए, भव सागर पार करने के लिए गुरु (केवट) की सहायता एवं अनुकम्पा को सर्वोपरि बताया है। अन्योक्ति शैली का उपयोग करते हुए जायसी ने महरा-महरी के माध्यम से आत्मा-परमात्मा की बात करके, सूफ़ियों की 'राज़ी-ब-रज़ा' की मान्यता की व्याख्या करते हुए, सूफ़ियों का जीवन-दर्शन प्रतिपादित किया है।

चिरकाल से उपेक्षित ग़ुलाम हुसैन एलिचपुरी की 'अश्ग़ालनामा' इस कोटि की एक अन्य महत्त्वपूर्ण रचना है, जिसमें कवि ने 'वहदतुल्वुजूद' नामक सूफ़ी-सिद्धान्त के अनुरूप साधना का विवरण प्रस्तुत किया है। शाह नजफ़ अली की 'प्रेम चिंगारी' भी इसी कोटि के अन्तर्गत आती है। इसमें कवि ने मौलाना रूम की दो मसनवियों की कथावस्तु को अवधी में कविताबद्ध करके अपना मत प्रकाशित किया है।

हिन्दी कविता में रचित सूफ़ीमत-प्रचारक ग्रन्थों की अधिक संख्या ज्ञात नहीं है लेकिन मेरा विश्वास है कि यदि दरगाहों-मज़ारों के पुरातत्त्व में सुरक्षित हिन्दी साहित्य की खोज की जाए तो ऐसे कई ग्रन्थ प्राप्त होंगे, जिनमें सूफ़ी-साधना का विस्तृत परिचय दर्ज होगा। मेरे इस विश्वास का आधार सूफ़ियों की दरगाहों में बड़े-बूढ़ों के मुख से सुने ऐसे शे'र हैं, जिनके रचयिता के विषय में कोई जानकारी प्राप्त नहीं है लेकिन ये शे'र सूफ़ी-साधना से सम्बन्धित हैं।

दूसरी प्रकार का सूफ़ी-साहित्य **'प्रेमाख्यान'** है, जिसमें लौकिक प्रेम-कथाओं को अलौकिक सन्देश देने का माध्यम बनाया गया है। ऐसी रचनाओं की मूल कथा तो साधारण पुरुष-स्त्री-सम्बन्धों की प्रेम-कहानी होती है लेकिन कथा पर विचार करने से

ये पुरुष-स्त्री आत्मा-परमात्मा के प्रतीक बन जाते हैं तथा इनका समस्त प्रेम-व्यापार सूफ़ी साधना-पद्धति का उद्‌घाटक बनकर सामने आता है। हिन्दी में सूफ़ी प्रेमाख्यान परम्परा का उद्‌घाटन जायसी के 'पद्मावत' से होता है, जो मसनवी शैली में रचित एक महत्त्वपूर्ण प्रबंध-काव्य है। रचना के अन्त में कवि स्वयं प्रेम-कथा का अलौकिक अर्थ खोल देता है और लौकिक कथा को अध्यात्म-ज्ञान की वाहक बना देता है कि मानव शरीर (चित्तौड़) में मन (रत्नसेन) चेतन अंश है। गुरु (तोता) की प्रेरणा से जब मन में परम सौंदर्य रूप ब्रह्म (पद्मिनी) को पाने का संकल्प जाग्रत होता है तब शरीर साधना में प्रवृत्त होता है। योग-साधना द्वारा कुण्डलिनी जाग्रत करके साधक जब यात्रा आरम्भ करता है तब संसार की माया (अलाउद्दीन) तथा शैतान (राघव) उसे मार्ग से विचलित करने का प्रयत्न करते हैं। साधना-पथ में भी अनेक बाधाएँ उपस्थित होती हैं लेकिन गुरु की कृपा तथा सत्य के बल पर साधक सभी बाधाओं को पार करके ब्रह्मलोक (सिंहल) पहुँचता है और अमरत्व प्राप्त कर लेता है। इस सर्वोत्कृष्ट सिद्धि (फ़ना) को प्राप्त करके साधक पुनः अपने शेष सांसारिक कर्मों को पूरा करने के लिए संसार में लौटता है (बक़ा) और अन्ततः अपने भौतिक शरीर का परित्याग कर ब्रह्मलीन हो जाता है।

जायसी-प्रणीत सूफ़ी प्रेमाख्यान परम्परा को आगे बढ़ाने का काम उस्मान ने किया। उनकी रचना 'चित्रावली' में यद्यपि जायसी की तरह से लौकिक कथा का रहस्य खोलने की कुंजी उपलब्ध नहीं है लेकिन कवि ने अपने पात्रों के नामकरण में ही इस प्रकार के संकेत भर दिए हैं कि लौकिक कथा स्वतः ही अपना अलौकिक अर्थ खोल देती है। उस्मान ने इस रचना में सूफ़ी-साधना की सात मंज़िलों तथा फ़ना-बक़ा के सिद्धान्त को समाहित किया है। क़ासिम शाह कृत 'हंस जवाहिर' इस कोटि की एक अन्य महत्त्वपूर्ण रचना है, जिसमें कवि ने हंस को आत्मा का प्रतीक बनाकर जवाहिर (ब्रह्म) के प्रेम में दीवाना बनाया है।

हिन्दी के सूफ़ी कवियों में नूर मुहम्मद को अभी तक वह स्थान प्राप्त नहीं हुआ है, जिसके वे वास्तविक अधिकारी हैं अन्यथा उनके द्वारा रचित 'इन्द्रावती' का विद्वानों द्वारा उसी गहन दृष्टि से अध्ययन किया जाना चाहिए था, जिस प्रकार से उन्होंने जायसी के 'पद्मावत' का विवेचन-मूल्यांकन किया है। प्रत्यक्षतः अध्यात्मपूर्ण प्रेमाख्यान 'इन्द्रावती' में कवि ने लौकिक प्रेम-कथा को अन्योक्तिमूलक रूपक के तौर पर प्रस्तुत करने के लिए मनोभावमूलक पात्रों का चयन किया है। इसी प्रकार की और इसी स्तर की एक अन्य रचना 'अनुराग बाँसुरी' भी नूर मुहम्मद ने हिन्दी सूफ़ी-काव्य को प्रदान की है। कवि की यह रचना भी प्रेम-कथा है लेकिन इसका अध्यात्म पक्ष इतना स्पष्ट तथा प्रत्यक्ष है कि कतिपय अध्येताओं को यह धर्मकथा या उपमति कथा प्रतीत हुई है और उन्होंने इसे एक प्रकार की परोक्ति या गर्भोक्ति की संज्ञा दी है।

प्रेमाख्यानों की इस परम्परा में ख़्वाजा अहमद के प्रेमाख्यान 'नूरजहाँ' की चर्चा भी की जानी चाहिए क्योंकि कवि को इसकी रचना में प्रवृत्त करने वाली जायसी की 'पद्मावत' तथा क़ासिम की 'हंस जवाहिर' जैसी रचनाएँ थीं लेकिन दुर्भाग्यवश कवि से कथा का निर्वाह अपने पूर्वज कवियों जैसा नहीं हो पाया। मेरी दृष्टि में यह एक अशक्त सूफ़ी-काव्य है।

सूफ़ी-साधना को सर्वसाधारण तक पहुँचाने तथा लोगों को सूफ़ीमत की ओर आकर्षित करने के उद्देश्य से रचे गये ये हिन्दी प्रेमाख्यान इस दृष्टि से बहुत महत्त्वपूर्ण हैं कि इनके रचयिता मुसलमान कवियों ने, फ़ारसी की मसनवी शैली को अपनाते हुए भी, भारतीय साहित्य परम्परा और भारतीय मानस के साथ एक गहरा रिश्ता स्थापित करने का सचेत प्रयास किया है। मुसलमान प्रेमाख्यानकार कवियों का भारतीय भाषा (अवधी, ब्रज, दक्षिणी-हिन्दी तथा अन्य प्रादेशिक भाषाएँ) एवं भारतीय छन्दों को अपनाना तथा प्रेम-कथा को भारतीय परिवेशानुसार प्रस्तुत करना उनकी धार्मिक उदारता का परिचायक ही नहीं है अपितु अपने उद्देश्य के प्रति उनकी कटिबद्धता का द्योतक भी है। वास्तव में सूफ़ी प्रेमाख्यानों की रचना लोक-रंजन के द्वारा लोक-मंगल के उद्देश्य को लेकर की गयी है, जिससे हिन्दी-साहित्य की श्रीवृद्धि हुई है।

तीसरी प्रकार के सूफ़ी-साहित्य की कोई निश्चित रचना-विधि नहीं है। विभिन्न कवियों की छोटी-बड़ी रचनाओं में सूफ़ी-साधना के स्पष्ट संकेत उपलब्ध होते हैं। ये रचनाएँ कहीं कुछ दोहों मात्र तक सीमित रहती हैं तथा कहीं कुछ पदों या शब्दों तक। सूफ़ियों द्वारा रचे गये भजन भी इसी कोटि में आते हैं, जिसे हम '**सूफ़ी मुक्तक-काव्य**' कह सकते हैं।

सूफ़ी मुक्तक-काव्य के अन्तर्गत विभिन्न कवियों की वे फुटकर रचनाएँ आती हैं, जिनकी रचना न तो सूफ़ी-दर्शन-वर्णन के उद्देश्य से की गयी है और न उनके द्वारा लौकिक कथा के माध्यम से अलौकिक प्रेम के चित्रण का प्रयास किया गया है। ये रचनाएँ या तो किसी कवि की स्वानुभूत साधना से प्रस्फुटित हुई हैं या सूफ़ी-दर्शन से प्रभावित होकर उसने इनकी रचना की है। स्वानुभूत साधना के दर्शन उन कवियों की रचनाओं में बहुत स्पष्ट होते हैं, जो व्यक्तिगत रूप से किसी न किसी सूफ़ी सम्प्रदाय से सम्बद्ध थे। दूसरी कोटि में वे कवि आते हैं, जिन्होंने प्रेम को आधार बनाकर आख्यान-रचना की है। वे इस कथा के माध्यम से अलौकिक प्रेम का प्रतिपादन तो नहीं कर पाए हैं लेकिन उनके लौकिक प्रेम-वर्णन में कई स्थलों पर सूफ़ी विचारधारा या सूफ़ी-साधना के स्पष्ट संकेत उपलब्ध हैं। इनमें से कुछ अंश ऐसे भी हैं, जिन्हें यदि मूल रचना में से अलग भी कर लिया जाए तो भी वे अपने आप में अध्यात्म-प्रतिपादन में सक्षम हैं। निश्चय ही विभिन्न रचनाओं में से ऐसे अंशों को अलग करके उनका एक स्वतन्त्र संग्रह तैयार करने की आवश्यकता

है ताकि सूफ़ी-साहित्य की अजस्र धारा को पूर्णरूपेण रेखांकित किया जा सके।

इन कवियों में शेख़ फ़रीद, अमीर ख़ुसरो, अब्दुल क़ुद्दूस गंगोही, यारी साहिब, अब्दुस्समद, दीन दरवेश, हाजी वली, वजहन, मीरा भीख प्रभृति कवि सम्मिलित हैं। इन कवियों ने शब्द, दोहे, श्लोक, कवित्त, झूलने, साखी, अलिफ़नामा जैसे काव्य-रूपों में रचना की है। सूफ़ियों की स्फुट रचना के सम्बन्ध में अभी बहुत खोज करने की आवश्यकता है ताकि सूफ़ी मुक्तक-काव्य के भण्डार को एकत्र करके उसका यथोचित मूल्यांकन हो और अपरिचित-अनजान कोने-अन्तरे में छिपी बहुमूल्य धरोहर को लाकर साहित्य के भण्डार में शामिल किया जाए।

हिन्दी-ग़ज़ल और शमशेर

यद्यपि हिन्दी-ग़ज़ल के शोधार्थियों ने अमीर ख़ुसरो, कबीर और प्यारे लाल शौक़ी की ग़ज़लों के हवाले से हिन्दी में ग़ज़ल को एक पुरातन काव्य-विधा सिद्ध करने का प्रयास किया है लेकिन सच यह है कि छायावादी युग तक जो भी ग़ज़ल हिन्दी में लिखी गयी, उसके द्वारा कवियों ने केवल मुँह का स्वाद बदला है। भारतेन्दु से लेकर निराला तक ग़ज़ल-रचना का उद्देश्य या तो उर्दू वालों को ग़ज़ल लिखकर दिखाना था या प्रयोग-बाहुल्य की दृष्टि से कतिपय काव्य-रूपों में कविता लिखकर दिखाना। यही कारण है कि छायावादी युग तक हिन्दी के किसी कवि ने ग़ज़ल को गंभीरता से नहीं लिया।

छायावादोत्तर युग में शमशेर बहादुर सिंह ने ग़ज़ल कहने का प्रयास किया और वे काफी हद तक इसमें सफल रहे। शमशेर का मानना था कि "ग़ज़ल एक लिरिक विधा है, जिसकी कुछ अपनी शर्तें हैं, अपना प्रतीकवाद है, अपनी जीवन्त परम्परा है।"[1] यद्यपि शमशेर ने कभी ग़ज़लकार होने का दावा नहीं किया और उनके द्वारा कही गयी ग़ज़लों की संख्या भी कम है लेकिन उनकी ग़ज़लों में ग़ज़ल की मूलभूत अपेक्षाओं का ध्यान रखा गया है। सबसे बड़ी बात यह है कि शमशेर हिन्दी के पहले ग़ज़लकार हैं, जिनके यहाँ ग़ज़लियत की विद्यमानता दिखाई देती है। हालाँकि शम्भुनाथ सिंह को शमशेर की ग़ज़लों में प्रेम और सौंदर्य की हल्की-फुल्की अनुभूतियों को सतही ढंग से प्रस्तुत किया गया प्रतीत होता है[2] लेकिन शमशेर-काव्य की शोधकर्त्री रंजना अरगड़े ठीक कहती हैं कि "बह्र और रदीफ़-काफ़िये का सही निर्वाह होने के बावजूद रचना में ग़ज़लियत का अभाव हो तो उसे ग़ज़ल नहीं कहा जा सकता।"[3]

शमशेर से पहले के ग़ज़लकार उर्दू वालों की होड़ में ग़ज़ल कहते रहे लेकिन शमशेर ने उर्दू-ग़ज़ल में नाम पैदा करने की इच्छा से नहीं बल्कि उर्दू की इस काव्य-विधा को हिन्दी में व्यवहृत करने के इरादे से ग़ज़ल-रचना की। शायद यही कारण है कि उनकी ग़ज़लों में ग़ज़लियत के साथ-साथ हिन्दी का अपना मुहावरा भी इस प्रकार से उभरा है, जो उर्दू में व्यवहृत नहीं है। शमशेर की ग़ज़ल में यह मुहावरा खप-सा

गया है और उर्दू शब्दावली के बावजूद अपनी स्वतन्त्र पहचान बनाने में सफल हो गया है। उदाहरणार्थ शमशेर के दो शे'र देखिए–

ये साँस में जो उसी नाम की अटक-सी है,
वो ज़िन्दगी से फ़रामोश हो तो क्योंकर हो।

जहाँ में अब तो जितने रोज़ अपना जीना होना है।
तुम्हारी चोटें होनी हैं हमारा सीना होना है।

पहले शे'र में 'अटक-सी' और दूसरे शे'र में 'होना है' उर्दू का मुहावरा नहीं है, हिन्दी का मुहावरा है लेकिन दोनों शे'रों में यह भाषा की सहजता में खप गया है।

इस चर्चा के बाद हमें रंजना अरगड़े की इस टिप्पणी के साथ सहमत होने में कोई परेशानी नहीं होनी चाहिए कि "हिन्दी में सफल ग़ज़लें बहुत कम शायरों ने कही हैं। शमशेर की ग़ज़लों का अध्ययन करने पर इस बात को विश्वास के साथ कहा जा सकता है कि शमशेर एक सफल ग़ज़लगो शायर हैं।"[4] यद्यपि शमशेर को सफल ग़ज़लगो घोषित करने में रंजना ने उन आधारों की चर्चा नहीं की है, जिन पर परखकर किसी कवि को सफल या असफल ग़ज़लगो कहा जा सकता है, लेकिन नरेन्द्र वसिष्ठ ने आधार स्पष्ट करते हुए कहा है कि "शमशेर पहले कवि हैं जिन्होंने हिन्दी पाठकों को ग़ज़ल के सही रस से परिचित कराया। उनकी अधिकतर ग़ज़लों में नाज़ुक-ख़्याली, मर्म को छूने की क्षमता, भाषा का लोच और बह्रों का निर्वाह दृष्टिगत होता है। ग़ज़ल में ये खुसूसियत लाने में वे ग़ज़ल की परम्परा पर निर्भर करते हैं।"[5]

शमशेर से पहले जो ग़ज़ल हिन्दी में कही गयी है, उसमें ग़ज़लियत के अभाव को लेकर कतिपय आलोचकों ने कवियों को सफल ग़ज़लकार मानने में संकोच किया है। निर्मला जैन के शब्दों में, "इधर उर्दू-साहित्य के अत्यधिक सम्पर्क और पठन-पाठन के परिणामस्वरूप हिन्दी काव्य में गेय रचनाओं के लिए उर्दू की ग़ज़ल-शैली का प्रयोग बहुत बढ़ चला है। यह प्रभाव भारतेन्दु-युग से ही हिन्दी कविता पर लक्षित किया जा सकता है, परन्तु द्विवेदी-युग के कवियों से इस शैली का विशेष सफल प्रयोग सम्भव न हुआ... छायावाद के सभी कवियों ने इस ओर अभिरुचि नहीं दिखाई। प्रमुख कवियों में इस शैली का शौक केवल निराला को हुआ"[6]। छायावादी युग की ग़ज़ल-रचना पर टिप्पणी करते हुए रमेशचन्द्र मेहरा कहते हैं कि, "इस युग में जब-जब किसी कवि ने उर्दू में काव्य लिखने का उपक्रम किया है, तो इस दृष्टि से नहीं कि वह उर्दू के चमत्कार को, नागरिक सौंदर्य को हिन्दी में उतारे वरन् इसलिए उर्दू के प्रयोग किए हैं कि उसे लोक-जीवन के अधिक समीप लाया जाए। इसलिए हिन्दी

कवियों ने उर्दू की विषयवस्तुओं से अस्पृष्ट रहकर उसके छन्दों और मुहावरों को अपनाने का प्रयत्न किया। इस प्रकार इस युग में हिन्दी कवियों ने उर्दू के कलापक्ष से थोड़ी-बहुत प्रेरणा ली है, उसके वस्तुपक्ष से नहीं।"[7]

इस दृष्टि से देखा जाए तो शमशेर से पहले की ग़ज़ल विशुद्ध ग़ज़ल नहीं है बल्कि उर्दू जैसी ग़ज़ल कहने का प्रयास भर है। भारतेन्दु से लेकर निराला तक जितने भी हिन्दी कवियों ने ग़ज़ल कहने का प्रयत्न किया है, उनका उद्देश्य इस काव्य-विधा को हिन्दी कविता की विधा बनाना नहीं था बल्कि वे ये सिद्ध करना चाहते थे कि वे भी ग़ज़ल लिख सकते हैं। निराला के साथ तो विशेष रूप से यही हुआ। प्रकाशचन्द्र मेहरा की यह टिप्पणी कि, "जहाँ वे (निराला) उर्दू-प्रधान ग़ज़लों के द्वारा इस भाषा सम्बन्धी अपनी जानकारी और क्षमता को प्रकट करते हैं वहाँ दूसरी ओर हिन्दी पाठकों को एक नयी छन्द-शैली से भी भेंट कराते हैं, जिसमें संस्कृत की पदावली उर्दू पदों के साथ जुड़ी हुई है। दोनों ही भूमिकाओं पर निराला जी का यह उपक्रम उनकी प्रयोग-बहुल काव्य-साधना का परिणाम कहा जा सकता है,"[8] निराला की ग़ज़ल-रचना के उद्देश्य को स्पष्ट कर देती है। निराला ही क्यों, उनके पूर्ववर्ती या समकालीन कवियों ने भी जो प्रयास इस दिशा में किए हैं, उनके विषय में भी मेहरा की यह धारणा भी सही है कि, "हिन्दी के वर्तमान युग में अनेक कवियों ने उर्दू की काव्य-शैलियों को अपनाया, पर ऐसा करने में उनका कोई गंभीर आशय न था।"[9]

गंभीर आशय रहा होता तो ग़ज़ल के प्रति आसक्ति रखने वाले हिन्दी कवियों ने इस काव्य-विधा को हिन्दी में रचाने-बसाने का प्रयास किया होता, जो उनकी ग़ज़लों में कहीं दिखाई नहीं दे रहा है। नरेन्द्र वसिष्ठ का कहना निराधार नहीं है कि "शमशेर से पहले अनेक हिन्दी कवियों ने ग़ज़ल को अपनाया। भारतेन्दु, श्रीधर पाठक, बदरीनारायण प्रेमघन, प्रसाद आदि ने ग़ज़ल को हिन्दी में लाने का प्रयास किया लेकिन अपनी ग़ज़लों में वे ग़ज़लियत न ला सके। निराला और त्रिलोचन दोनों ही शमशेर के बाद ग़ज़ल के क्षेत्र में आये।"[10] ग़ज़लियत ही है जो शमशेर से पहले की, उनके समय की, यहाँ तक कि उनके बाद की ग़ज़ल के लिए मापदण्ड बनती है।

हिन्दी के आलोचकों ने ग़ज़लियत से जो अर्थ ग्रहण किया है वह यह कि ग़ज़ल में उक्ति-वैचित्र्य, अलंकार-योजना, मुहावरे का प्रयोग, नाज़ुकख़्याली, भाषा का लोच, बह्र की पाबन्दी, कल्पना आदि मौजूद हों। भाषा की मुहावरेदानी और भावों की त्वरित हृदय-परसता उर्दू ग़ज़ल की विशिष्ट पहचान है। शमशेर ने अपने पूर्ववर्ती या समकालीन ग़ज़लकारों की अपेक्षा कोई बहुत कमाल कर दिखाया हो और ऐसी ग़ज़ल-रचना कर दी हो, जिसे ग़ज़लियत के उत्तम उदाहरण के तौर पर प्रस्तुत किया जा सके, ऐसा नहीं है। लेकिन शमशेर के यहाँ ग़ज़लियत लाने का संकल्प अवश्य

दृष्टिगत होता है, जो उनसे पहले के ग़ज़लकारों के यहाँ अनुपलब्ध है। भारतेन्दु-युग के ग़ज़लकारों के यहाँ ग़ज़लियत अनुपस्थित है क्योंकि ये कवि केवल ग़ज़ल लिखकर दिखाना चाहते थे, ग़ज़ल को हिन्दी में खपाने का आशय इनका नहीं था। प्रसाद के यहाँ ग़ज़लियत नहीं है। उनके शे'रों में नज़्मियत का अहसास बुरी तरह से होता है। निराला में भी ग़ज़लियत का अभाव है क्योंकि उनकी प्रयोग-बहुल रचनाधर्मिता को उर्दू-हिन्दी को मिलाकर ग़ज़ल लिखकर दिखाना अभीष्ट था तथा उनके शे'र सपाटबयानी बन गये। यही हाल ग़ज़ल कहने वाले अधिकतर कवियों का रहा। उनमें से कोई भी ग़ज़ल को समर्पित न था।

शमशेर पहले हिन्दी कवि हैं, जो उर्दू की एक चिर-स्थापित काव्य-विधा पर हाथ आज़माने के लिए नहीं बल्कि ग़ज़ल को हिन्दी में ढालने और प्रचलित करने का संकल्प लेकर इस क्षेत्र में निकलते हैं। अपने आशय को स्पष्ट करते हुए शमशेर कहते हैं कि "मैं अपनी ग़ज़लों को हिन्दी रचनाओं से कभी अलग नहीं करना चाहूँगा।" ग़ज़ल-रचना की शर्तों को समझते हुए तथा स्वरचित ग़ज़लों को अपनी समग्र काव्य-रचना का अंग स्वीकार करते हुए ग़ज़ल लिखना शायद शमशेर से पहले किसी का कवि-कर्म नहीं रहा। यही कारण है कि ग़ज़ल-रचना के क्षेत्र में शमशेर से पूर्व किसी हिन्दी कवि ने अपने समकालीन या परवर्ती कवियों को प्रेरित नहीं किया है। शमशेर ही शायद पहले कवि हैं, जिनकी ग़ज़ल-रचना अन्य हिन्दी कवियों को ग़ज़ल लिखने की प्रेरणा देती है। हिन्दी-ग़ज़ल के बहुचर्चित हस्ताक्षर दुष्यन्त सहित अनेक कवियों को शमशेर की ग़ज़लों ने ग़ज़ल की ओर आकर्षित करने में सार्थक भूमिका निभाई है।

सन्दर्भ

1. शमशेर: कुछ और कविताएँ: भूमिका
2. शंभुनाथ सिंह: परिवेश (सं. बच्चन), पृ. 99
3. रंजना अरगड़े: कवियों का कवि शमशेर, पृ. 112
4. वही: वही, पृ. 93
5. नरेन्द्र वसिष्ठ: शमशेर की कविता, पृ. 57
6. निर्मला जैन: आधुनिक हिन्दी-काव्य में रूप विधाएँ, पृ. 580
7. रमेशचन्द्र मेहरा: निराला का परवर्ती काव्य, पृ. 102
8. वही: वही, पृ. 107
9. वही: वही, पृ. 102
10. नरेन्द्र वसिष्ठ: शमशेर की कविता, पृ. 57

नागार्जुनः परिचय तथा कृतित्व

आधुनिक हिन्दी-कविता के शक्तिशाली हस्ताक्षर, आत्मीयता की सुदृढ़ भावना के कारण हिन्दी-जगत् में 'बाबा' के नाम से पुकारे गये कवि नागार्जुन का वास्तविक नाम वैद्यनाथ मिश्र था। उनका जन्म सन् 1911 ई॰ में दरभंगा ज़िले के सतलखा नामक गाँव में हुआ था। यहाँ कवि का ननिहाल था। उनका पैत्रिक गाँव इसी ज़िले का तरौनी गाँव था। उनके पिता श्री गोकुल मिश्र यद्यपि मैथिल ब्राह्मणों के परिवार से थे लेकिन आजीविका के लिए खेती-बाड़ी करते थे।

नागार्जुन बचपन में ही माँ की ममता से वंचित हो गये। माता की बीमारी के दिनां में उन्हें यह अनुभव हुआ कि उनके पिता उनकी चाची के प्रति आसक्त होने के कारण बीमार पत्नी की उपेक्षा कर रहे हैं। इस आंतरिक आघात से तथा तदोपरान्त ममता से वंचित हो जाने के कारण वे बचपन में ही सुरापान की ओर आकृष्ट हो गये। यह सुरापान उनके विद्रोह का प्रतीक था, जो उन्होंने कुल-मर्यादा के विरुद्ध अनजाने में छेड़ दिया था। यही विद्रोह आगे चलकर उनसे सनातनी ब्राह्मणत्व का परित्याग कराकर उन्हें बौद्ध धर्म में दीक्षित कर गया।

नागार्जुन की प्रारम्भिक शिक्षा गाँव की संस्कृत पाठशाला में हुई। इसके बाद वे काशी चले गये, जहाँ से उन्होंने शास्त्री की परीक्षा पास की। तदनन्तर उन्होंने कलकत्ता जाकर साहित्याचार्य की डिग्री प्राप्त की। कोलम्बो में रहकर उन्होंने पालि भाषा और बौद्ध-दर्शन का विधिवत् अध्ययन किया।

सन् 1932 में उनका विवाह अपराजिता देवी के साथ हुआ। इसके दो वर्ष बाद ही उनका घुमक्कड़ जीवन आरम्भ हो गया। यायावर का यह जीवन यद्यपि 1941 तक ही चला लेकिन इसके फलस्वरूप उनकी प्रकृति पर जो घुमक्कड़पन की छाप लगी, वह आयु भर उनके साथ बनी रही। सन् 1936 में वे बौद्ध धर्म में दीक्षित हो गये। अभी तक वे 'यात्री' उपनाम से कविताएँ लिखते थे लेकिन बौद्ध-भिक्षु के रूप में उन्हें जो नागार्जुन नाम प्राप्त हुआ, यही नाम-उपनाम साहित्य में उनकी पहचान बना।

दो वर्ष लंका-प्रवास में यद्यपि नागार्जुन मुख्य रूप से पालि भाषा के ज्ञान तथा

बौद्ध-दर्शन को समझने में निमग्न रहे परन्तु उनकी विद्रोही आत्मा वहाँ के शोषित सर्वहारा के साथ अपना सम्बन्ध जोड़ने में लगी रही। परिणामस्वरूप वे 'लंका सम-समाज' के वामपंथी नेताओं के सम्पर्क में आये। इससे सर्वहारा के प्रति उनकी निष्ठा को बल मिला। अतः स्वदेश लौटने पर वे किसान आन्दोलन में कूद पड़े और गिरफ़्तार कर लिये गये। दस महीने के बाद रिहा हुए तो युद्ध-विरोधी परिपत्र के सम्बन्ध में पुनः पकड़े गये।

गाँधी जी की हत्या नागार्जुन के भावुक हृदय को उद्वेलित कर गयी। इस उद्वेलन ने कविता के रूप में अभिव्यक्ति प्राप्त की। इस कविता को ज़ब्त कर लिया गया और नागार्जुन एक बार फिर जेल चले गये। भारत-चीन युद्ध के समय तक वे कम्यूनिस्ट पार्टी के सक्रिय सदस्य थे लेकिन इस युद्ध को लेकर उनका पार्टी से मतभेद हो गया और उन्होंने पार्टी छोड़ दी। सन् 1974 में जयप्रकाश नारायण के जन-आन्दोलन में नागार्जुन एक बार फिर उसी पुराने जोश के साथ सक्रिय हुए। परिणाम, फिर वही जेल-यात्रा।

कठोर संघर्षपूर्ण जीवन के बावजूद नागार्जुन के मन की कोमलता कभी कम नहीं हुई। आत्मीयता तो जैसे उनके अन्दर कूट-कूटकर भरी हुई थी। नये लिखने वालों के साथ उनका रिश्ता सहज ही जुड़ जाता था। किसी प्रकार का पाण्डित्य-दंभ या बड़ा साहित्यकार होने का अहसास मानो उन्हें छू तक नहीं गया था।

नागार्जुन की सर्जनात्मक प्रतिभा उनके बाल्यकाल से ही प्रकट होने लगी थी। तेरह वर्ष की आयु में जब वे संस्कृत की प्रथम परीक्षा दे चुके तो उनका सम्पर्क गाँव के विद्वान पण्डित अनिरुद्ध मिश्र से हुआ, जिनसे उन्होंने संस्कृत के कुछ छन्दों का व्यावहारिक ज्ञान प्राप्त किया। 1930 के आसपास ही नागार्जुन ने अपनी मातृभाषा मैथिली में कविता लिखना आरम्भ कर दिया था। पण्डित सीताराम झा की प्रेरणा से उन्होंने मातृभाषा के प्रति जिस उत्तरदायित्व का अनुभव किया था, वह जीवन भर उनसे हिन्दी के साथ-साथ मैथिली में कविता लिखवाता रहा।

हिन्दी में नागार्जुन की पहली कविता 'हे राम' लाहौर से प्रकाशित होने वाले पत्र 'विश्व बंधु' में सन् 1935 में प्रकाशित हुई। इसी वर्ष उन्होंने गोस्वामी गणेश दत्त की पत्रिका 'सुबंधु' में जमकर लिखा तथा अबोहर से प्रकाशित होने वाली पत्रिका 'दीपक' के सम्पादकत्व का भार भी वहन किया।

जीविका उपार्जन के लिए नागार्जुन ने अपनी कविताओं के छोटे-छोटे बुकलेट स्वयं छापे तथा उन्हें घूम-घूमकर रेलगाड़ियों में स्वयं बेचा। 1952 के आम चुनावों के दौरान उनका एक बुकलेट 'चना चोर गरम' शैली में छपा, जो बहुत लोकप्रिय हुआ। हिन्दी में उनकी कविताओं का प्रथम संग्रह 'युगधारा' के नाम से 1953 में प्रकाशित हुआ। तदनन्तर उन्होंने हिन्दी-साहित्य को 'सतरंगे पंखों वाली', 'प्यासी पथराई आँखें', 'तालाब की मछलियाँ', 'चन्दना', 'तुमने कहा था', 'खिचड़ी विप्लव

देखा हमने', 'हज़ार-हज़ार बाहों वाली', 'पुरानी जूतियों का कोरस', 'रत्न गर्भ' और 'ऐसे भी हम क्या! ऐसे भी तुम क्या!' नामक दस कविता संग्रह प्रदान किए।

हिन्दी में ही कविता के अतिरिक्त उन्होंने उपन्यास, कहानी, निबंध, संस्मरण, यात्रा-वृत्तांत तथा साक्षात्कार भी लिखे। उनके ग्यारह उपन्यासों में से 'रतिनाथ की चाची', 'बलचनमा', 'वरुण के बेटे' तथा 'कुम्भीपाक' नामक चार उपन्यास बहुत ख्याति प्राप्त कर चुके हैं। 'असमर्थ दाता' और 'भूख मर गयी थी' उनकी बहु-चर्चित कहानियाँ हैं। 'सरस्वती का अपमान', 'ब्राह्मण—बुद्ध-युग में' तथा 'राजाश्रय और साहित्य जीविका' उनके प्रतिनिधि निबंध हैं। संस्मरणों में 'एक व्यक्ति-एक युग—निराला' उनका चर्चित संस्मरण है। यात्रा-साहित्य में उन्होंने 'हिमायल की बेटियाँ' तथा 'थो लिंग महाविहार' जैसे रोचक वृत्तान्त लेखनीबद्ध किए हैं। 'प्रश्नों के सलीब पर' उनका प्रसिद्ध साक्षात्कार है। उनके कतिपय भाषण तथा पत्र भी प्रकाशित हुए हैं।

मौलिक सृजन के साथ-साथ नागार्जुन ने विद्यापति के पदों को भी हिन्दी में रूपान्तरित किया है और मेघदूत का अनुवाद भी किया है।

हिन्दी के अतिरिक्त नागार्जुन ने मैथिली, संस्कृत, बंगला आदि में भी साहित्य-रचना की है। मैथिली में रचित उनकी कृति 'पत्रहीन नग्न गाछ' पर उन्हें साहित्य अकादमी पुरस्कार प्राप्त हुआ था।

नागार्जुन मूल रूप में कवि थे और हिन्दी-साहित्य में उनकी पहचान एक कवि के रूप में ही बनी। उनकी कविता यद्यपि प्रकृति की क्रीड़ाओं से लेकर साधारण से साधारण व्यक्ति की पीड़ा को अपनी परिधि में धारण किए हुए है लेकिन उनकी कविता का मुख्य स्वर समाजवाद-यथार्थवाद है। उनकी चुनी हुई रचनाओं के प्रकाशक ने उनकी कविता को 'जन-मानसिकता का दैनिक इतिहास' कहा है, जो युक्तियुक्त प्रतीत होता है। प्रकाशक के अनुसार, "अपनी कविताओं में वे अपने समय की जन-मानसिकता का दैनिक इतिहास दर्ज करते हैं। यह इतिहास विवरणात्मक सामाजिक इतिहास नहीं है बल्कि जनता की तात्कालिक संवेदना का रचनात्मक इतिहास है।"[1]

नागार्जुन की कविता साधारण व्यक्ति के मन में उतरकर उसके मनोभावों तथा संवेदनाओं को अपने भीतर आत्मसात करके इस ईमानदारी के साथ अभिव्यक्त करती है कि पाठक के हृदय को छूकर उस पर एक लम्बी सोच का प्रश्न-चिन्ह अंकित कर देती है। जो जैसा है, उसका यथातथ्य वर्णन तो नागार्जुन की कविता में मिलता ही है लेकिन उनकी सक्षम रचना-धर्मिता इससे आगे बढ़कर 'जैसा होना चाहिए' के न होने के मूल उत्तरदायित्व को निश्चित करके उत्तरदायियों को अपने तीक्ष्ण व्यंग्य-वाणों से भेदती भी है। इसीलिए युद्धवीर धवन का कहना है कि, "नागार्जुन की कविता में व्यंग्य अपने पूरे वेग और तल्ख़ी के साथ विद्यमान है। उनके व्यंग्य में

आक्रोश, अमर्ष, करुणा और हास्य का समुचित सम्मिश्रण है। उन्होंने सर्वाधिक मात्रा में राजनीतिक घटनाओं और परिस्थितियों की विडम्बनाओं पर व्यंग्य किया है।"[2]

इसका कारण यह है कि नागार्जुन ने अपने घर में बैठकर शोषित जन साधारण की कथा नहीं सुनी थी बल्कि वे स्वयं उन यातनाओं को जीते-भोगते रहे थे, जो व्यवस्था ने भारतीय सर्वहारा की नियति बना रखी हैं। भुक्त-भोगी नागार्जुन की कवि-धर्मिता के इसी पक्ष को लेकर अजय तिवारी कहते हैं कि "हिन्दी प्रदेश की निरक्षर-निरन्न जनता और संघर्ष की उसकी दुर्दम परम्परा से खुद को जोड़कर ही नागार्जुन ने वह शक्ति पायी है जिसके बूते पर वे कविता के नये विकास की अपरिहार्य चुनौती बन गये हैं।"[3]

कवि के रूप में नागार्जुन 1935-36 के आसपास उदित होते हैं। यह समय छायावाद के अवसान तथा प्रगतिवाद के आविर्भाव का समय है। हिन्दी कविता भाव और कल्पना की कोमलता से निकलकर यथार्थ के ठोस धरातल पर खड़ी होने लगती है। रूस की क्रान्ति तथा मार्क्स का दर्शन समाज तथा साहित्य दोनों को प्रभावित करते हैं। सर्वहारा वर्ग अपनी दयनीय दशा के प्रति सजग होने लगता है तथा उसके अन्दर अपनी परिस्थितियों को बदलने की लालसा उत्पन्न होने लगती है। 1935 में स्थापित प्रगतिशील लेखक संघ जन साधारण को संगठित करके एक नूतन जन-क्रान्ति का सपना देखने लगता है। नागार्जुन भी आम आदमी के दुःखों का निदान ऐसी ही क्रान्ति में देखते हैं। यही कारण है कि सरजूप्रसाद मिश्र उन्हें "सर्वहारा वर्ग की क्रान्ति के द्वारा जन-सामान्य की मुक्ति को सम्भव मानने वाला कवि"[4] कहकर उनको प्रगतिशील लेखकों की पंक्ति में यथोचित स्थान देते हैं।

नागार्जुन की कविता-शक्ति का आधार यह है कि कवि भुक्तभोगी था। साधारण से परिवार में जन्म लेकर कवि ने अभावों के बीच जीने का व्यक्तिगत अनुभव प्राप्त किया था। यही जीवनानुभव और जीविका के लिए सतत् संघर्ष उनकी कविता की शक्ति बनता है और इसी से उनकी कविता में व्यंग्य का तीखापन समाहित होता है। शिव कुमार मिश्र के अनुसार, "नागार्जुन हिन्दी कविता में एक व्यंग्यकार के रूप में विशेष रूप से जाने जाते हैं। सामाजिक व्यंग्य की जो परम्परा भारतेन्दु युग के बाद अवरुद्ध-सी हुई जान पड़ती थी, कविता के प्रगतिशील, यथार्थवादी युग में आकर नागार्जुन तथा दूसरों के द्वारा वह फिर से जीवंत हुई, इसे हिन्दी कविता के लिए शुभ मानना चाहिए। यथार्थ की ज़मीन पर ही व्यंग्य अपने पाँव रोपता है और जैसे ही हिन्दी कविता का छायावाद के परवर्ती दौर में यथार्थ से साक्षात्कार होता है, व्यंग्य का रूप भी उभर उठता है।"[5]

नागार्जुन के व्यंग्य का निशाना वास्तव में हमारी वर्तमान व्यवस्था रही। वर्तमान व्यवस्था में जो भ्रष्टाचार, भाई-भतीजावाद, स्वार्थपरक शासन-तंत्र, युद्धोन्माद तथा स्वत्व-हनन प्रचलित है, नागार्जुन ने उस पर प्रहार करने के लिए व्यंग्यास्त्र का

प्रयोग किया।

नागार्जुन एक प्रतिबद्ध कवि थे। उन्होंने अपनी इस प्रतिबद्धता को खुलकर स्वीकार किया। शिव कुमार मिश्र के अनुसार नागार्जुन की यह प्रतिबद्धता पक्षधरता है। पक्षधरता वर्ग-विभक्त मौजूदा समाज-व्यवस्था में उनकी ओर से बोलना, उनके अभियानों में, सुख-दुःख में, भागीदारी निभाना जो मज़लूम हैं, यातना ग्रस्त हैं, शोषित हैं, सर्वहारा हैं, दलित और पीड़ित हैं। उनकी मुक्ति के लिए, यातना तथा सामाजिक अन्याय से उनकी मुक्ति के लिए, नागार्जुन सदैव हिरावल में शिरकत करने वाले रचनाकार हैं।[6]

नागार्जुन की कविता में कोमलता और कठोरता का सुन्दर सामंजस्य दृष्टिगत होता है। एक ओर जहाँ वे शोषितों के प्रति अत्यन्त करुणापूर्ण सदयता का परिचय देते हुए भावुकता की सीमाएँ छूने लगते हैं, वहाँ दूसरी ओर उनके पक्ष की बात करते हुए इतने कठोर हो जाते हैं कि उनका स्वर भर्त्सनायुक्त हो जाता है। उनकी कविता के ये दोनों रूप द्रष्टव्य हैं। 'गुलाबी चूड़ियाँ' शीर्षक कविता में प्राइवेट बस के गरीब ड्राइवर के प्रति उनकी करुणा कैसे फूट पड़ती है, देखिए–

प्राइवेट बस का ड्राइवर है तो क्या हुआ,
सात साल की बच्ची का पिता तो है!
सामने गीयर के ऊपर
हुक से लटका रखी हैं
काँच की चार गुलाबी चूड़ियाँ
बस की रफ्तार के मुताबिक
हिलती रहती हैं...

लेकिन कवि की यह भावुकता उस समय आड़े नहीं आती, बल्कि विलुप्त ही हो जाती है, जब वह हरिजनों की दुर्दशा का चित्रण करने लगता है, देखिए–

पैदा हुआ है बेचारा–
भूमिहीन बंधुआ मज़दूर के घर में
जीवन गुज़ारेगा हैवान की तरह
भटकेगा जहाँ-तहाँ बनमानुस जैसा
अधपेटा रहेगा, अधनंगा डोलेगा
तोतला होगा कि साफ-साफ बोलेगा
जाने क्या करेगा
बहादुर होगा कि बेमौत मरेगा...

कुल मिलाकर हम कह सकते हैं कि नागार्जुन की कविता बहु-आयामी है, जिसमें प्रेम और प्रकृति जैसे भावपूर्ण विषयों को लेकर भी पाठक-मन को आनन्दित करने का प्रयास किया गया है, युग-पुरुषों को श्रद्धापूर्वक स्मरण कर उनके प्रति प्रणति भी

प्रस्तुत की गयी है, अपने समकालीन सहधर्मियों की प्रशंसा भी की गयी है लेकिन मुख्य रूप से समाज का घोर यथार्थ प्रस्तुत करके जन-क्रान्ति लाने के लिए साधारण मन-मस्तिष्क को तैयार करने का सचेष्ट उपक्रम किया गया है।

सन्दर्भ

1. नागार्जुनः चुनी हुई रचनाएँः खण्ड-2ः फ्लैप
2. युद्धवीर धवनः समकालीन लम्बी कविता की पहचान, पृ॰ 115
3. अजय तिवारीः नागार्जुन की कविता, पृ॰ 16
4. सरजूप्रसाद मिश्रः आधुनिक हिन्दी-कविता में व्यक्तित्व अंकन, पृ॰ 344
5. शिव कुमार मिश्रः नागार्जुन की चुनी हुई रचनाएँः भूमिका
6. वहीः वहीः वही

नरेश मेहता का 'महाप्रस्थान'

पौराणिक तथा आधुनिक प्रसंग

नरेश मेहता ने महाप्रस्थान का कथानक महाभारत में से लिया है। कौरवों को युद्ध-भूमि में धराशायी करके पाण्डव राज्य प्राप्त करते हैं परन्तु इससे युधिष्ठिर का लक्ष्य प्राप्त नहीं हो जाता। वे राजपाट त्यागकर हिमायल की यात्रा पर निकलने का संकल्प करते हैं ताकि प्रकृति के उदात्त रूप में पहुँचकर वे संसार के सभी सम्बन्धों से टूटकर प्रज्ञा और केवल प्रज्ञा हो जाएँ। उन्हें मालूम है कि प्रज्ञा हुए बिना स्वर्ग की प्राप्ति सम्भव नहीं है। उनके चारों भाई और द्रौपदी इस महाप्रस्थान में भी उसी प्रकार उनके साथ रहते हैं, जैसे जीवन के सम्पूर्ण संघर्ष में रहे थे।

यह एक पौराणिक कथा है परन्तु कवि ने इस यात्रा के दौरान उनकी बातचीत के माध्यम से या उनके भीतर चल रहे संघर्ष के द्वारा जिन महत्त्वपूर्ण प्रश्नों को उठाया और उनका विश्लेषण किया है, वे प्रश्न आज भी उतने ही महत्त्वपूर्ण हैं, जितने वे महाभारत-काल में थे।

युद्ध का प्रश्न एक कालजयी प्रश्न है। महाभारत-काल में युद्ध के जो कारण रहे थे, वही कारण तब से लेकर आज तक होने वाले प्रत्येक युद्ध की पृष्ठभूमि में कार्यरत दिखाई देते हैं। युद्ध का मूलभूत कारण अपमान होता है। अपमान की अनुभूति व्यक्ति-व्यक्ति के लिए भिन्न हो सकती है, समय और स्थान के अनुरूप इस अनुभूति की मात्रा कमाधिक हो सकती है लेकिन अपमान से आहत हुए बिना कोई भी व्यक्ति युद्ध के लिए तैयार नहीं होता।

महाभारत की कहानी में देखें तो महाभारत का युद्ध मात्र अपमानों पर आधारित था। द्रुपद ने यदि द्रोणाचार्य का अपमान न किया होता तो शायद वे कुरु राजकुमारों को शस्त्र-विद्या में निपुण बनाने के स्थान पर द्रुपद राजकुमारों को इस कला में पारंगत बना रहे होते। भीष्म पितामह ने यदि अम्बा का अपमान न किया होता तो वह शिखण्डी के रूप में जन्म लेकर पितामह की मृत्यु का कारण न बनी होती। कौरवों ने यदि भरी सभा में द्रौपदी का अपमान न किया होता तो उसके केश तब

तक के लिए खुले न रहते जब तक वह उन्हें दुःशासन की छाती के रक्त से न धो लेती। कुरु राज्य-सभा में यदि कृष्ण का अपमान न हुआ होता तो वे शायद शान्ति का कोई न कोई मार्ग खोजकर इस भयानक युद्ध को होने से रोक लेते। ऐसे कितने ही अन्य उद्धरण हैं, जिनकी तह में अपमान को देखा जा सकता है।

युद्ध का यह आधार वर्तमान में भी उतना ही महत्त्वपूर्ण है, जितना महाभारत-काल में था। आज भी दो देश तभी युद्ध के लिए आमने-सामने आते हैं, जब उनमें से एक, दूसरे के हाथों, अपमानित हुआ अनुभव करता है। युद्ध की स्थिति तब उत्पन्न होती है, जब एक देश दूसरे देश की इच्छाओं-आकांक्षाओं की पूर्ति न करके उसे मानसिक पीड़ा पहुँचाता है और उसके अहम् को ठेस लगाता है। प्रथम तथा द्वितीय विश्व-युद्ध तथा राष्ट्रों की छुटपुट लड़ाइयों के कारणों की तह में उतरकर देखें तो अपमान का तत्त्व ही उभरकर सामने आएगा।

इस रचना में ली गयी दूसरी शाश्वत समस्या है राज्य-व्यवस्था की। राज्य का अर्थ ही दूसरों पर शासन करना है। दूसरों को अपने आदेश के नीचे दबाकर रखने के लिए बल-प्रयोग अपेक्षित होता है। राज्य की व्यवस्था बिना राज्य-भय के कायम नहीं हो सकती। भय ही है जिसके कारण लोग राज्य को समर्थ, शक्तिमान तथा सर्वोपरि मानते हैं। अपने इस भय को बनाए रखने के लिए यह आवश्यक हो जाता है कि राजा अपने विरुद्ध कोई आवाज़ न उठने दे। इस आवाज़ के उठने का सबसे अधिक भय क्योंकि बुद्धिजीवी वर्ग से होता है, इसलिए राजा या तो उन्हें खरीद लेता है या समाप्त कर देता है। महाभारत-काल में बुद्धिजीवी द्रोणाचार्य इसके सर्वोत्तम उदाहरण हैं। इतने ज्ञानी, शस्त्र-विद्या में निष्णात होते हुए भी वे अपने एकमात्र पुत्र के लिए दूध जुटा पाने में असमर्थ हैं। द्रुपद के हाथों वे केवल इसलिए अपमानित हो जाते हैं क्योंकि उनसे अपने अबोध बालक की भूख सहन नहीं होती। तब वे अपनी सारी मेधा, सारी कला कुरु-राजवंश को बेच देते हैं। इससे वे अपना पेट भरने योग्य ही नहीं हो जाते, अपितु उनका प्रिय शिष्य अर्जुन द्रुपद को बन्दी बनाकर उन्हें उनके अपमान का बदला लेने के योग्य भी बना देता है।

व्यवस्था की यही स्थिति अपने परिवर्तित रूप में आज भी ज्यों की त्यों बनी हुई है। गत वर्षों में ईरान में इसी प्रकार बुद्धिजीवियों से राज्य को भय लगने लगा था तो ख़ोमीनी ने देश के बुद्धिजीवियों को समाप्त करने का अभियान चलाया था। अन्य देशों में भी लेखकों, कलाकारों, विद्वानों आदि को पुरस्कार, पारितोषिक, पद आदि देकर खरीदा जाता है ताकि वे अपनी प्रतिभा का राज्य के विरुद्ध प्रयोग न करें।

महाप्रस्थान की एक अन्य समस्या साधारण व्यक्ति की समस्या है। महाभारत-काल हो या कोई भी अन्य काल, देश की अर्थ-व्यवस्था की धुरी उसका साधारण नागरिक ही होता है। महाभारत-काल से लेकर आज तक इस धरती के गर्भ से किसान ही अनाज उपजाता आ रहा है लेकिन किसी भी युग में उसके श्रम का मूल्य क्या मिला

है उसे? उसका व्यक्तित्व नगण्य बना रहा है। इसके विपरीत शासन-व्यवस्था से जुड़े हुए लोग तथा स्वयं शासक, बिना श्रम किए, वे सभी सुख-सुविधाएँ भोगते हैं, जिनका वास्तविक अधिकारी अर्थात् कृषक-श्रमिक वर्ग भूख की आग में जलता रहता है।

यह समस्या वर्तमान में भी वैसी ही भीषण है, जैसी पहले कभी भी रही होगी। सामन्त-युग में सामन्तों के शोषण का शिकार किसान आज यद्यपि सामाजिक-राजनीतिक दृष्टि से वैसा प्रताड़ित नहीं है लेकिन आर्थिक दृष्टि से आज भी वह व्यवस्था के शोषण का शिकार हो रहा है। महाप्रस्थान में युधिष्ठिर की सबसे बड़ी चिन्ता इसी अनाम साधारण व्यक्ति के व्यक्तित्व को नष्ट होने से बचाने की है। नरेश मेहता ने यद्यपि अनेक शब्दों में समाजवाद को इस समस्या के समाधान के रूप में प्रस्तुत करने का प्रयास किया है लेकिन प्रश्न ज्यों का त्यों बना रह जाता है कि क्या कोई भी व्यवस्था आतंक और शोषण के बिना राज्य को चला सकती है?

महाप्रस्थान का अन्तिम परन्तु सबसे महत्त्वपूर्ण संदर्भ है उस शाश्वत प्रश्न को पाठक के सामने लाना, जो सृष्टि के आरम्भ से लेकर आज तक अनुत्तरित पड़ा हुआ है। यह प्रश्न है शरीर और आत्मा के सम्बन्ध का प्रश्न। क्या आत्मा और शरीर का सम्बन्ध यही है कि शरीर जब और जैसे भी कर्म कर रहा हो, आत्मा उसके भीतर सोई रहे? या यह कि आत्मा उसे जीवन के प्रत्येक कर्म में शुभ-अशुभ का विवेक प्रदान कर चैतन्य करे? मनुष्य जो कुछ अपना कर्त्तव्य समझकर करता है, उसके औचित्य-अनौचित्य की व्याख्या वह अपनी सुविधा के अनुसार कर लेता है परन्तु इससे जीवन-मूल्य तो पदच्युत नहीं हो जाते। वे तो वहीं के वहीं बने रहते हैं और उनसे पलायन करके अपने कर्मों को औचित्यपूर्ण ठहराने वाला व्यक्ति केवल आत्म-छलना का ही शिकार होता है। कवि ने कर्म को तात्कालिक कर्त्तव्य कहकर शरीर के धर्म की व्याख्या करने की कोशिश की है लेकिन यह पौराणिक संदर्भ उससे स्पष्ट नहीं हो पाया है। आत्मा के उदात्तीकरण के लिए यदि शरीर को गला देना ही आवश्यक है तो फिर सृष्टि के नियन्ता ने आत्मा को शरीर का कारागृह ही क्यों दिया? यदि जीवनलीला के अन्तिम चरण में बानप्रस्थ लेकर ही आत्मा के बारे में सोचना उचित है तो जीवन भर आत्मा के शरीर में पड़े रहने का अर्थ और औचित्य क्या है?

शायद नरेश मेहता पौराणिक संदर्भों में से इस समस्या का समाधान खोज भी नहीं सकते थे क्योंकि पुराणों में भी इस प्रश्न का ऐसा कोई उत्तर उपलब्ध नहीं है, जो इस विषय में उठने वाली प्रत्येक जिज्ञासा को पूर्णरूपेण शान्त कर दे।

तब भी, कवि ने पाठकों का ध्यान इस कालजयी प्रश्न की ओर आकर्षित करके उन्हें विचारने का अवसर प्रदान किया है कि क्या शरीर के रहते आत्मा का उत्थान, आत्मिक शिखरों का स्पर्श या आत्मिक आनन्द की प्राप्ति सम्भव नहीं है? यदि शरीर के मोह का परित्याग ही प्रज्ञा-अग्नि के प्रज्वलित होने का आधार है तो उसमें कोटियों की व्यवस्था का अर्थ क्या है? शरीर का मोह न त्यागा होता तो

अर्जुन, भीम, नकुल, सहदेव और द्रौपदी युधिष्ठिर के साथ इस महाप्रस्थान पर क्यों निकलते? राजपाट, सुख-वैभव, सत्ता-शक्ति आदि के परित्याग के बाद ही ये सब युधिष्ठिर के सहयात्री बने थे। फिर क्या कारण है कि रास्ते में मिला एक अयाचित कुत्ता उनसे बाज़ी ले गया?

कवि ने आधुनिक भौतिकतावादी मनुष्य को उसके भीतर के दिव्य-तत्त्व की ओर आकर्षित करने में इस पौराणिक प्रसंग से पूरा-पूरा लाभ उठाया है, यद्यपि जिज्ञासामान व्यक्ति की जिज्ञासा को उनकी रचना शान्त करने में सफल नहीं हो पायी है।

शिल्प

नरेश मेहता ने महाप्रस्थान की रचना एक नाट्य-काव्य के रूप में की है। इसके लिए कवि ने महाभारत की कथा में से एक प्रसंग को लेकर उसमें ऐसी नाटकीयता भर दी है कि सारी कहानी पाठक की आँखों के सामने एक नाटक की तरह घटती चली जाती है।

पाण्डवों का द्रौपदी सहित हिमालय की यात्रा पर उत्तरोत्तर बढ़ते जाना और रास्ते में प्रत्येक पात्र का अपने अन्दर चल रहे तूफ़ान से जूझना उस समय नाटकीयता के गुणों से ओतप्रोत हो उठता है जब इस यात्रा में बारी-बारी से, द्रौपदी, नकुल-सहदेव, अर्जुन और भीम अपने-अपने अन्त को प्राप्त होते हैं। युधिष्ठिर का कुत्ते को साथ लेकर स्वर्ग के द्वार पर पहुँचना और उनके स्वागत में देवताओं का आना भी नाटकीयता से भरा हुआ है।

प्रत्येक स्थिति में पाठक के भीतर एक उत्सुकता जागती है कि क्या द्रौपदी बर्फ़ में नष्ट हो जाएगी? अर्जुन जैसा कर्मठ, अद्वितीय योद्धा भी उसकी रक्षा नहीं कर पाएगा? या क्या नकुल और सहदेव अचानक फिसलकर हिम में विलीन हो जाएँगे? या क्या गाण्डीवधारी अर्जुन बर्फ़ की आँधी का सामना करने में असमर्थ रह जाएगा? या क्या भीम जैसा बलशाली योद्धा बर्फ़ की धार पर अपना पाँव जमाए रखने में असमर्थ हो जाएगा? यह उत्सुकता और भी अधिक तीव्र हो जाती है जब पाठक युधिष्ठिर को कुत्ते के साथ स्वर्ग के द्वार पर पहुँचते देखता है। कवि इस उत्सुकता को बनाए रखने के लिए युधिष्ठिर द्वारा कुत्ते को सम्बोधित कर यह भी कहला देता है कि तुम्हारे स्वर्ग में प्रवेश करने पर देवताओं को आपत्ति होगी लेकिन मैं बिना तुम्हारे स्वर्ग नहीं जाऊँगा, भले ही इसके लिए मुझे स्वर्ग को ठोकर मारनी पड़े। यह उत्सुकता की चरम सीमा है। पाठक सोचने पर विवश हो जाता है कि यदि देवताओं ने कुत्ते को स्वर्ग में प्रवेश न करने दिया तो युधिष्ठिर क्या करेंगे? स्वर्ग को ठुकराने के बाद वे इसी पथ पर होते हुए धरती पर लौट आएँगे? चारों भाइयों और द्रौपदी को खो देने के बाद अब युधिष्ठिर लौटकर करेंगे भी क्या?

पाठक अभी विस्मय की स्थिति में ही होता है कि कवि स्वर्ग का द्वार खुलवाकर

देवताओं द्वारा युधिष्ठिर का स्वागत करा देते हैं। कुत्ते के प्रवेश पर किसी के द्वारा कोई आपत्ति वे कराते ही नहीं हैं।

इस रचना के शिल्प की दूसरी विशेषता पात्रों का आत्म-मंथन है। नरेश मेहता ने पाँचों पाण्डवों और द्रौपदी को लेकर, प्रत्येक पात्र के भीतर चल रहे संघर्ष को अभिव्यक्ति देने का प्रयास किया है। प्रत्येक पात्र का अपने से सम्बन्धित अतीत की घटनाओं को लेकर उनके औचित्य-अनौचित्य पर स्वयं ही तर्क-वितर्क करना, अपनी सफलताओं-असफलताओं का लेखा-जोखा करना, उसके अन्तर्मन को परत-दर-परत खोलता चला जाता है। कवि ने अन्तर्मन की इस अभिव्यक्ति में बड़ी भावात्मकता से काम लिया है इसलिए पाठक पात्रों के आन्तरिक ऊहापोह में सम्मिलित हो जाता है।

इस रचना के शिल्प की एक अन्य विशेषता अन्तर्मन की अभिव्यक्ति से उद्भूत प्रश्नों के उत्तर और समस्याओं के समाधान खोजना है। यहाँ कवि ने युधिष्ठिर के चरित्र से भरपूर लाभ उठाते हुए उनसे अनेकानेक प्रश्नों का दार्शनिक विश्लेषण कराया है। अपने अन्तर्मन से जूझता हुआ पात्र क्योंकि किसी सही और अन्तिम परिणाम पर नहीं पहुँच पाता, इसलिए यह आवश्यक था कि कवि किसी ऐसे पात्र की सर्जना करता, जे स्वयं इस ऊहापोह से ऊपर उठ चुका हो और इस स्थिति में हो कि उपदेशात्मक ढंग से दूसरों की जिज्ञासा शान्त कर सके। अतः कवि ने युधिष्ठिर के अग्रज होने का पूरा लाभ उठाते हुए उनसे गुण-दोष-विवेचन का काम भी कराया है और ज्वलंत प्रश्नों के उत्तर भी उन्हीं से दिलवाए हैं।

महाप्रस्थान नाटक नहीं, काव्य है, इसलिए इसमें कवि ने प्रकृति के उपमानों, रूपकों और भावचित्रों के माध्यम से इस रचना को काव्य-शिल्प से पलायन नहीं करने दिया है। महाप्रस्थान के आरम्भ में तो ऐसा प्रतीत होने लगता है जैसे नरेश मेहता अपने प्रतिपाद्य को भूलकर हिमालय के सौंदर्य में खो गये हैं। रचना के प्रारम्भिक भाग में कवि ने जिस तन्मयता के साथ प्रकृति-चित्रण किया है, उससे हिमालय के उदात्त प्राकृतिक वातावरण की सृष्टि ही नहीं हो पायी है अपितु रचनाकार के काव्य-कौशल को भी खुल खेलने का अवसर मिला है।

पौराणिक पात्रों को प्रतीक बनाकर कवि ने बड़े ही सहज ढंग से आधुनिक युग की समस्याओं का विश्लेषण प्रस्तुत करते हुए उनके समाजवादी-मानवतावादी समाधानों तक पहुँचने का प्रयास भी किया है। पौराणिक शब्दावली के प्रयोग द्वारा कवि ने जहाँ एक ओर नये उपमानों के सार्थक प्रयोग का उदाहरण प्रस्तुत किया है, वहाँ दूसरी ओर आज की प्रचलित समाजशास्त्रीय शब्दावली में द्रोण के व्यक्तित्व को पूरे बुद्धिजीवी वर्ग का प्रतीक बना दिया है।

महाप्रस्थान की भाषा संस्कृतनिष्ठ हिन्दी है। रचना का संदर्भ पौराणिक होने के कारण इस प्रकार की प्रांजल भाषा का प्रयोग स्वाभाविक ही है। पात्रों के वर्तालाप

में भी इसी प्रकार की तत्सम-बहुल भाषा इसलिए नहीं अखरती क्योंकि महाभारत के ये पात्र पाठक की एक विशेष प्रकार की संस्कारगत मानसिकता के साथ जुड़े हुए हैं।

मुख्य रूप से तो इस नाट्य-काव्य के छः पात्र ही हैं– पाँचों पाण्डव तथा द्रौपदी परन्तु गौण रूप से अश्वत्थामा और द्रोणाचार्य भी पात्रों के रूप में सामने आ जाते हैं। एक नगण्य पात्र श्वान भी है, जो सृष्टि-करुणा का प्रतीक होने के कारण महत्त्वपूर्ण हो गया है। कवि ने पात्रों की सर्जना उनके भीतरी संघर्ष के अनुरूप की है। द्रौपदी पाण्डवों की सांसारिकता की प्रतीक है, इसलिए वह इस महायात्रा में सबसे पहले क्षय होती है। सांसारिकों की भाँति उसका अर्जुन को पुकारना, उलाहना देना, दुहाई देना तर्क-सम्मत ही है। नकुल और सहदेव को कवि ने आदर्श मनुज के भावों से युक्त उदासीन पात्रों के रूप में कल्पित किया है। अर्जुन पौरुष की सीमा लाँघने में असमर्थ व्यक्ति के रूप में सामने आते हैं। भीम शारीरिक बल के प्रतीक तो हैं लेकिन उनमें आत्म-बल की कमी है, जिस कारण वे युधिष्ठिर की तरह 'प्रज्ञा' नहीं बन पाते हैं। नरेश मेहता ने युधिष्ठिर को मानवता की उदात्तता और आत्मिक शक्ति के चरमोत्कर्ष का प्रतीक बनाकर प्रस्तुत किया है।

देशभक्त तमिल कवि–सुब्रह्मण्यम भारती

गुलामी की ज़ंजीरों का भार वहन करती हुई भारत की जनता जब दासता को अपना भाग्य मानकर, रानी विक्टोरिया के घोषणा-पत्र में से सुख-शान्ति खोज रही थी, तब तमिलनाडु प्रदेश में से एक सशक्त स्वर उभरा, जिसने अपने समकालीन महापुरुषों की आवाज़ में आवाज़ मिलाकर मातृभूमि की वन्दना आरम्भ की–

वन्दे मातरम् वन्दे मातरम् गाएँगे।
मातृभूमि के पद पर शीश झुकाएँगे।

अपने लिए इस ज़ात-पात का अर्थ है क्या,
अपनी धरती एक एक ईश्वर अपना।
इक ब्राह्मण हो या कि ग़ैर-ब्राह्मण हो,
सब धरती के जाये फर्क करे कोई क्यों।
वन्दे मातरम् वन्दे मातरम् गाएँगे।।

भेदभाव यदि है तो हाल न सुधरेगा,
मंत्र एकता का सारा विष हर लेगा।
यह रहस्य हर हिन्दी को समझाना है,
ज़ातपात का फर्क समूल मिटाना है।
वन्दे मातरम् वन्दे मातरम् गाएँगे।।

जो कुछ हमको हासिल है वह सबका है,
मिल-जुलकर खाएँगे जो भी मिलता है।
याद रहे गिनती में तीस करोड़ हैं हम,
हर हिन्दी का ग़म है तीस करोड़ का ग़म।
वन्दे मातरम् वन्दे मातरम् गाएँगे।।[1]

यह आवाज़ थी दक्षिण भारत के उस महान् स्वतन्त्रता-सेनानी की, जिसे सुब्रह्मण्यम भारती के नाम से स्मरण किया जाता है। पराधीन भारत में जन्मे इस पावनात्मा कवि ने जब होश संभाला, तब भारतीय समाज ज़ात-पात, धर्म-सम्प्रदाय, ऊँच-नीच, गरीब-अमीर, राजा-प्रजा तथा शोषक-शोषित की श्रेणियों में टुकड़े-टुकड़े हुआ पड़ा था। आवश्यकता थी किसी ऐसे मज़बूत धागे की, जो फिर से इन मनकों को माला का रूप दे सके। समर्थ शब्दों की सूई द्वारा इन मनकों को माला में पिरोने का काम शुरु किया 11 दिसम्बर, 1882 को, तिरुनेलवेली ज़िले के एट्टयापुरम गाँव में जन्मे सुब्रह्मण्यम भारती ने, सारे समाज के लिए मुक्ति की कामना के साथ।

जैसे-जैसे सुब्रह्मण्यम भारती बचपन से जवानी की ओर अग्रसर हो रहा था, वैसे-वैसे भारतीय समाज भी दासता की नींद से जागकर चेतना की ओर बढ़ रहा था। सुधारवादी आन्दोलनों के फलस्वरूप सामाजिक दुर्दशा समाज का पिण्ड छोड़ने लगी थी। समस्त भारतीयों के अन्तर्मन में देश-प्रेम का बीज अंकुरित हो रहा था और देश को स्वाधीन कराने का संकल्प मूर्तिमान होने लगा था। इंडियन नेशनल कांग्रेस और सुब्रह्मण्यम भारती लगभग एक ही आयु के थे। कांग्रेस ने देश की स्वाधीनता का बीड़ा उठाया तो सुब्रह्मण्यम भारती ने 'भारत देश', 'स्वतंत्रता की प्यास', 'भारत माता', 'स्वाधीनता गीत' तथा 'हमारा देश' जैसी कविताएँ लिखकर और अपने सुरीले कण्ठ से इन कविताओं को जन-सभाओं में गा-गाकर दक्षिण भारत के जन साधारण के मनोभावों को आन्दोलित कर दिया। उसके गीत जन साधारण के कानों में रस घोलने लगे। उसके आह्वान ने भारतीयों की सुप्त चेतना को झिंझोड़ दिया और उसके चिन्तन ने सामाजिक चिन्तन को गहरे तौर पर प्रभावित किया। सुब्रह्मण्यम भारती के गीत घर-घर गूँज उठे।

अपने सपनों का भारत बनाने के लिए, भारत की हरी-भरी धरती से अन्ध विश्वासों के झाड़-झंकार साफ करने के लिए, भारत-भूमि पर स्वाभिमान एवं स्वाधीनता की फस्ल उगाने के लिए, सारे संसार को भारतीय सभ्यता एवं संस्कृति की सुगंधि से महकाने के लिए भारती के भीतर का कवि जिन मार्गों एवं दिशाओं की ओर संकेत कर रहा था, भारतीय समाज की यात्रा को जिन मंज़िलों की ओर मोड़ने का प्रयत्न कर रहा था, उस यात्रा के मार्ग-दर्शक थे भारत माता के तीन 'लाल', जिनको 'बाल-लाल-पाल की तिकड़ी' कहा जाता था। बाल गंगाधर तिलक, लाला लाजपतराय तथा विपिनचन्द्र पाल की सामाजिक-राजनीतिक दृष्टि कवि को आकर्षित करती थी और दादाभाई नारोजी, गोपालकृष्ण गोखले तथा महात्मा गाँधी जैसे जन-नायक भारतीय जनता का उसकी आशा के अनुकूल मार्ग-दर्शन कर रहे थे। इसलिए उसने 'छत्रपति शिवा जी', 'गोखले का भजन', 'देशभक्त चिदम्बरम पिल्लै का प्रतिवचन', 'जय तिलक', 'दादाभाई नारोजी' और 'गाँधी पंचक' जैसी अनेक कविताओं की रचना करके, देश की जनता को उनके दिखाए मार्ग पर चलकर स्वाधीनता की

लक्ष्य-प्राप्ति के लिए प्रेरित किया। सुब्रह्मण्यम भारती के अन्दर बैठा कवि इन नेताओं के व्यक्तित्व के साथ एकात्म होकर इस प्रकार उनके साथ एकरंग हुआ कि 1907 में, जब लाला लाजपतराय बर्मा में बैठे देश-निकाले की यातना भोग रहे थे तो कवि ने, उनकी ओर से, उनकी मनोदशा का चित्रण करने के लिए, एक लम्बी कविता लिखी, जिसका शीर्षक था– 'लाला लाजपतराय का विलाप'–

देश छूटा बाल-बच्चे हो गये आँखों से दूर।
कब उदित होगा हमारे नभ पे आज़ादी का सूर।

जिसको अपने देश की मिट्टी है प्राणों से भी प्रिय,
उसकी ख़ातिर धरती बर्मा की सुखद क्यों हों हुज़ूर।

कोई ले जाकर मेरा संदेश दे पंजाब को,
एक दिन मैं फिर तेरी गलियों में लौटूँगा ज़रूर।

सन् 1906 में नौजवान सुब्रह्मण्यम भारती की भेंट भगिनी निवेदिता से हुई। इस चमत्कारी भेंट का प्रभाव कवि के व्यक्तित्व और उसके चिन्तन पर ऐसा गहरा पड़ा कि उसकी जीवन-दिशा ही बदल गयी। इस भेंट के दौरान सुब्रह्मण्यम भारती ने भगिनी निवेदिता की आभा में भारत माता की आभा के दर्शन किए और उसने प्रण किया कि वह भारत माता को अंग्रेज़ों की कलुषित दासता से मुक्त कराने में अपनी सारी शक्ति, सारा सामर्थ्य लगा देगा–

निर्भय निडर हमारा भारत।
संस्कृति-शिखर हमारा भारत।
भारत की धरती है पावन,
मंगल-निकर हमारा भारत।

आओ बाँध लें फिर सागर को।
सिंहल तक फैलाएँ घर को।
बंगभूमि से नदियाँ लाकर,
सींचें मध्यदेश बंजर को।

आंध्र देश की सुघड़ रमणियाँ।
जैसे हों मोती की लड़ियाँ।
लहरों पर नौकाएँ थिरकें,
बरसें अमृत रस की झड़ियाँ।

घर में हम हथियार बनाएँ।
विद्या का संसार बसाएँ।
शीश उठाकर स्वाभिमान से,
दुनिया संग संवाद रचाएँ।

सन् 1908 में भारती का प्रथम कविता-संग्रह 'गीतांगल' प्रकाशित हुआ। 1909 में उसका दूसरा कविता-संग्रह 'जन्म भूमि' छपा। बनारस से शिक्षा प्राप्त भारती भारत की महान् सांस्कृतिक परम्परा को साथ लेकर स्वाधीनता-संग्राम में उतर आया। पत्रकारिता को हथियार बनाकर उसने अपनी लेखनी से अंगारे बरसाने शुरू किए। 'स्वदेश मित्रम' में छपने वाली उसकी रचनाएँ पाठकों के अन्तर्मन को छूने और उनकी अन्तरात्मा को जगाने लगीं। 'इंडिया' में प्रकाशित हो रही उसकी रचनाएँ पाठकों के लहू में उबाल लाने लगीं। 'इंडिया' के सम्पादकीय लेखों से घबराकर ब्रिटिश सरकार ने उसकी गिरफ़्तारी का वारन्ट जारी कर दिया, लेकिन भारत माता का यह सूपत-केसरी अंग्रेज़ों की कैद में सड़ने के स्थान पर खुले वातावरण में रहकर अपना संघर्ष जारी रखने के उद्देश्य से फ्राँसिसी अधिकार-क्षेत्र पाँडीचरी चला गया। वहाँ उसे श्री अरविन्द जैसे महान् देशभक्त सन्त का सत्संग प्राप्त हुआ, जिसके परिणामस्वरूप उसकी सृजनात्मकता को नया चिन्तन तथा नूतन प्रेरणा-शक्ति प्राप्त हुई—

भय नहीं भय नहीं भय नहीं भय नहीं।
जीत हो हार हो
प्यार हो मार हो
देखना शीश अपना न नत् हो कहीं।
भय नहीं भय नहीं भय नहीं भय नहीं।।

लुट भी जाएँ तो क्या
पिट भी जाएँ तो क्या
जीत अपनी ही होगी है दिल को यकीं।
भय नहीं भय नहीं भय नहीं भय नहीं।।

घेर ले फौज दुश्मन की आकर हमें,
कट मरेंगे मगर हम झुकेंगे नहीं।
भय नहीं भय नहीं भय नहीं भय नहीं।।

यह निर्भीकता, यह निडरता, यह दृढ़ निश्चयता सुब्रह्मण्यम भारती को उस अध्यात्म-शक्ति से प्राप्त हुई, जिसे उसके भीतर भगिनी निवेदिता और श्री अरविन्द के सम्पर्क ने विकसित किया था। कवि ने समझ लिया कि यही

अध्यात्म-शक्ति भारत की उत्तमता एवं महानता का रहस्य है। इसी अध्यात्म-शक्ति से अनुप्राणित उसकी कविता श्रोताओं-पाठकों के भीतर छिपे दिव्य-तत्त्व को जगाती रही और कवि सुब्रह्मण्यम भारती इतिहास एवं मिथक के घटकों में से दृष्टान्तों की मुट्ठियाँ भर-भरकर गाता रहा—

जब दिखा बढ़ने लगा है घोर तम।
तब द्रुपद-पुत्री ने खाई यह क़सम।

रक्त दुःशासन का जब तक नहीं मिले।
घाव यह मेरे हृदय का नहीं सिले।

सिर के बालों को न बाँधूँगी कभी।
फूल बालों में न टाँकूँगी कभी।

धो न लूँ तब तक लहू से सिर के बाल।
सूखे तृण जैसा रहेगा इनका हाल।

ओइम् शक्ति हे परादेवी क़सम।
इष्ट मेरी हे महाकाली क़सम।

सार इतना है कि अब हम भी उठें।
द्रौपदी जैसी शपथ इक हम भी लें।

ज़ुल्म जब तक है करेंगे सामना।
दुःख को बाकी नहीं है छोड़ना।

पाप का करना है हमको बीजनाश।
काटना है भूमि का एक-एक पाश।

सुब्रह्मण्यम भारती के देश-प्रेम की सबसे अधिक कीमत चुकानी पड़ी उसके परिवार को, जिसने भूखे पेट रातें गुज़ारीं और शासन के दमन से त्रस्त होकर दिन काटे। स्वयं कवि भी 1915 तक आते-आते भूख-प्यास के साथ लड़ते-लड़ते टूटने लगा था। उस समय यदि उसका पुराना पत्र 'स्वदेश मित्रम' उसको तीस रुपया महीना पेंशन न दे रहा होता तो उसका परिवार भूख से बेहाल हो गया होता लेकिन इस फकीरी में भी उसने अपनी शाहाना अदा को बनाए रखा। उसकी दयनीय आर्थिक

दशा को देखते हुए उसके मित्रों ने उसे नये कपड़े भेंट किए। ये कपड़े वह रास्ते में ही ज़रूरतमन्दों को बाँट आया। पत्नी के आपत्ति करने पर उसने मुस्कराकर कहा, "भागवान! उस बेचारे की एक ही इच्छा थी, अच्छा कपड़ा पहनने की। बता, उसे कभी नसीब हो सकते थे ऐसे कपड़े?"

यह दरवेशी, यह फ़कीरी, यह फ़ाकामस्ती, दूसरों के दुःख को एक ही घूँट में पी जाने की चाह, हर किसी के काम आने की उमंग ही तो थी जो उसकी सृजनात्मकता का प्रेरणा-स्रोत थी। सुब्रह्मण्यम भारती उन कवियों में से नहीं था, जो सोफ़े पर बैठकर मज़दूरों के विषय में कविताएँ लिखते हैं। वह तो स्वयं कलम का मज़दूर था और आयु भर साधारण लोगों में रहकर उनका दुःख-सुख बाँटता रहा।

पाँडीचरी-प्रवास के दौरान सुब्रह्मण्यम भारती की कविता परा-शक्ति की ओर उन्मुख हुई और सृष्टि के रहस्यों तथा सृष्टि-नियन्ता के भेदों के साथ खेलने लगी। गहरे तौर पर वेदान्त से प्रभावित सुब्रह्मण्यम भारती 'मृतो मा अमृतं गमया' की प्रार्थना होंठों पर लिए तन-मन से माँ काली के प्रति समर्पित हो गया। तब माँ काली ही परा-शक्ति के रूप में उसके अन्तःकरण में दृश्यमान होने लगी। प्रत्येक प्राणी को भयभीत करने वाली मृत्यु भी उसके लिए भयकारक न रही। उसने घोषणा की कि व्यक्ति कभी मृत्यु को प्राप्त नहीं होता, मृत्यु उसका कुछ नहीं बिगाड़ सकती। इस निष्ठा से उत्पन्न निर्भीकता ही आगे चलकर भारती की पहचान बनी। इस निर्भीकता ने उसे ऐसा आत्मबल प्रदान किया कि वह चिड़ियाघर में शेर के पिंजरे के सामने खड़ा होकर कह सका, "आ भाई शेर! तू पशुओं का राजा है और मैं कवियों का राजा हूँ।"

इसी अद्‌भुत आत्म-विश्वास को ओढ़कर सुब्रह्मण्यम भारती मार्च 1919 में मद्रास आये महात्मा गाँधी से पहली और अन्तिम बार मिलने गया। किसी में इतना साहस नहीं था कि उसे सीधे उस कमरे में जाने से रोक सके, जहाँ बैठे हुए गाँधी जी वहाँ के नेताओं के साथ विचार-विमर्श कर रहे थे। बिना अपना परिचय दिए भारती ने उन्हें नमस्कार किया और पूछा, "मैंने आज शाम साढ़े पाँच बजे ट्रिपलीकेन बीच पर एक जन-सभा का आयोजन किया है, आप उसका सभापतित्व स्वीकार करेंगे?" गाँधी जी ने महादेव भाई से उस दिन का अपना कार्यक्रम मालूम किया। महादेव भाई ने बताया कि शाम को तो वे व्यस्त रहेंगे। गाँधी जी ने कहा, "आज तो मैं व्यस्त हूँ, आप अपनी जन-सभा कल तक निलम्बित नहीं कर सकते?" भारती निराश नहीं हुआ, उदास भी नहीं हुआ, खीझा भी नहीं, शान्त-संयत, सन्तुलित उठ खड़ा हुआ। बोला, "जन-सभा तो निलम्बित नहीं की जा सकती। मैं चलता हूँ। आपके आन्दोलन के लिए मेरा आशीर्वाद।"

उसके कमरे में से चले जाने के बाद गाँधी जी को बताया गया कि वह सुब्रह्मण्यम भारती था। कमरे में मौजूद लोगों से गाँधी जी ने कहा, "इस प्रतिभा को संभालकर

रखिए आप लोग।"

'कन्नपट्टू', 'पांचाली शपथम', 'कुइल पाट्टू' जैसी अमर कविताओं के रचयिता सुब्रह्मण्यम भारती ने अपनी अध्यात्मपरक कविताओं में एक सन्त के रूप में प्रकट होकर अपना परिचय स्वयं दिया है—

मैं पंछी हूँ नील गगन का।
मैं पशु विपिन विचरता।

मैं मारुत हूँ अग्निशिखा मैं,
मैं पर्वत मैं सागर।
मैं रवि मैं शशि मैं उडुगन हूँ,
मैं ही उषा प्रभाकर।

मैं कम्बन की कविता हूँ मैं,
निपुण तूलिका स्पर्श।
राज सौधपुर गोपुर भीतर,
मैं ही कला का दर्श।

मैं माया मैं मायापति हूँ,
चर भी हूँ मैं जल का।

सन् 1919 में मातृभूमि के मोह तथा शोचनीय आर्थिक स्थिति ने सुब्रह्मण्यम भारती को पाँडीचरी छोड़कर फिर से पराधीन भारत-भूमि पर लौटने के लिए विवश कर दिया। आते ही उसे बन्दी बनाकर कुड्डलोर जेल में बन्द कर दिया गया। श्रीमती एनी बेसेंट, डॉ. सुब्रह्मण्यम अय्यर और श्री सी.पी. रामास्वामी की सहायता से तथा 'स्वदेश मित्रम' के सम्पादक श्री ए. रामास्वामी आयंगर की अनथक कोशिशों से उसे रिहाई प्राप्त हुई।

सुब्रह्मण्यम भारती को पंजाब की धरती और पंजाबियों के प्रति अद्भुत मोह था। वह कभी पंजाब नहीं गया लेकिन उसे पंजाबियों की विशालहृदयता, शूरवीरता तथा सहृदयता सदैव लुभाती रही। पंजाब के प्रति अपने हृदय का प्रेम उंडेलकर उसने गुरु गोविन्द सिंह पर एक लम्बी कविता लिखी—

देशों में इक देश नाम पंजाब है जिसका।
उस धरती की मैं भी गाने लगा हूँ गाथा।

उस धरती पर गुरु-शिरोमणि गोविंद सिंह ने।
ज़ात मिटाकर अपने हाथों सिंह सजाये।

गोविन्द सिंह कवि थे ज्ञानी थे धर्मोद्धारक।
महाप्रतापी विद्या-प्रेमी जन-कल्याणक।

खड्ग उठाकर गुरु ने भारत-गर्व बढ़ाया।
शीश उठाकर जीना लोगों को सिखलाया।

'वाहिगुरु जी की फतह' कहा और फौजें बढ़ गईं।
छाती पर औरंगज़ेब की जाकर चढ़ गईं।

नये धर्म का झण्डा गोविन्द ने लहराया।
झुककर नभ झण्डे को चुम्बन देने आया।।

अब सुब्रह्मण्यम भारती का स्वास्थ्य बहुत खराब रहने लगा था। कुछ दिन किसी एकान्त स्थान पर रहकर वह स्वास्थ्य-लाभ करना चाहता था। इस आशय से वह अपनी ससुराल कदयम् चला गया। परन्तु इस कर्मयोगी को कहीं भी चैन नहीं था। उसके जीवन का एक-एक पल संघर्ष करने को बदा हुआ था। वह कई-कई दिन घर से बाहर रहता और लोगों के दुःख-दर्द में सम्मिलित होता रहता। एट्टयापुरम, तिरुनेलवेलि, तिरुअनन्तपुरम, कारईकुड घूमते-घामते वह मद्रास आ पहुँचा और नवम्बर 1920 में फिर से 'स्वदेश मित्रम' के पन्नों पर उसके कलम का जादू बोलने लगा।

हर जाति, हर वर्ग, हर सम्प्रदाय, हर धर्म के भारतीयों को अपने मन का सच्चा प्यार देने वाला सुब्रह्मण्यम भारती प्रेम की सीमा नहीं बाँधता था। उसका प्रेम भी मनुष्यों तक ही सीमित नहीं था अपितु पशु-पक्षियों तक में वह अपने प्रेम को खुले हाथों वितरित करता था। शायद वह निज से बहुत ऊपर उठ गया था और उसने मृत्यु-भय पर विजय पा ली थी—

ज्ञात जिसको वास्तविकता जगत् की,
वह भला माया से घबराएगा क्या?

स्वच्छ जिसका मन अडिग जिसका विवेक,
उसको यमदूतों से भय आएगा क्या?

जो न जाने भिन्न निज को ब्रह्म से,
मृत्यु से वह व्यक्ति घबराएगा क्या?

मैं कि राजा भी प्रजा भी मैं ही हूँ,
मेरे जैसा व्यक्ति मर जाएगा क्या?

शायद इसी प्रेमातिरेक को उसकी जीवन-लीला की समाप्ति का कारण बनना था। वह हर रोज़ घर के निकट के मन्दिर जाया करता था और वहाँ पर बँधे मन्दिर के हाथी को फल तथा नारियल खिलाया करता था। जून 1921 की बात है। सदैव की भाँति सुब्रह्मण्यम भारती मन्दिर गया परन्तु जैसे ही हाथी को फल तथा नारियल खिलाने को आगे बढ़ा, हाथी बिफर गया। उसने सुब्रह्मण्यम भारती को अपनी सूँड में लपेटकर उठाया और धरती पर पटक दिया। सुब्रह्मण्यम हाथी के पैरों में आ गिरा और बेहोश हो गया। लोगों की भीड़ इस दुर्घटना को देखती रही लेकिन हाथी के भय से एक व्यक्ति भी इस महान् कवि की रक्षा के लिए आगे न आया। कवि के मित्र कुवलई कन्नन को जब इसकी सूचना मिली तो वह भागा-भागा आया और कवि को यमदूत समान खड़े हाथी के पैरों में से उठा लाया। अपनी जान जोखिम में डालकर मित्र ने उस समय तो सुब्रह्मण्यम भारती को बचा लिया लेकिन भारती अधिक दिनों तक इससे उत्पन्न पेट की बीमारी की मार सहन कर सका। आखिर यह बीमारी 11 सितम्बर, 1921 की रात को डेढ़ बजे भारती को हमारे हाथों से छीनकर ले गयी।

भारत माता का यह कर्मयोगी सपूत, तमिल भाषा का अद्वितीय आशिक़, भारतीय संस्कृति का दीवाना, मानव-प्रेम का पुजारी सुब्रह्मण्यम भारती अपने पंचभूता शरीर से मुक्त होकर गोलोकवासी तो हो गया लेकिन उसकी आत्मा अभी भी उसके साहित्य में से मुखर होकर गा रही है—

दास हम अवश्य हैं मगर हुज़ूर।
हमको जागना है एक दिन ज़रूर।

हम कि जो कमीन हैं,
या अछूत हीन हैं,
कुर्व या हमाल हैं,
नीच बद-हवाल हैं;

आ रहा है हमको जीने का शऊर।
हमको जागना है एक दिन ज़रूर।

वह समय चला गया,
हम थे जब जुदा-जुदा;
अब ये राष्ट्र एक है,

हाँ शगुन ये नेक है;
अब न होंगे एक दूसरे से दूर।
हमको जागना है एक दिन ज़रूर।

औरतें कि आदमी,
एक जैसे मेहनती;
निश्चय सबका है प्रबल,
मन सभी का है अमल;

है मिटाना हमको ग़ैर का ग़ुरूर।
हमको जागना है एक दिन ज़रूर।।

स्वाधीनता-संग्राम में उर्दू-गद्य का योगदान

इस्लाम के प्रचार-प्रसार से शुरू हुई उर्दू-गद्य की यात्रा जब फोर्ट विलियम कालेज में प्रवेश करती है, तब भारतीय राजनीति के आकाश पर फरंगी-सरमायादारी, साम्राज्य का रूप धारण करके आँधी की तरह चढ़ रही थी। 1857 के प्रथम स्वाधीनता-संग्राम की विफलता ने भारतीयों के भाग्य में अंग्रेज़ों की दासता अवश्य लिख दी थी लेकिन तथ्य यह है कि यह युद्ध निर्णायक नहीं था। यह सत्य है कि 1857 की लड़ाई शुष्क पत्तों के ढेर की तरह धधककर जल-बुझने के सदृश्य लड़ी गयी थी लेकिन यह एक ऐसी आग थी, जिसकी चिंगारियाँ हवा के कंधों पर सवार होकर पूरे देश में फैलीं और तब तक विभिन्न रूपों में प्रज्वलित होती रहीं, जब तक हमने अपनी गर्दन पर से गुलामी का जूआ उतारकर नहीं फेंक दिया। ये चिंगारियाँ कभी होम रूल आन्दोलन (1915) बनकर, कभी रौलेट एक्ट (1918) के कड़े विरोध का रूप धारण करके, कभी गर्म दल की सशस्त्र क्रान्ति (1925) बनकर तथा कभी सविनय अवज्ञा (1942) का रूप धारण करके पूरे देश में सुलगती रहीं और अन्ततः इन सुलगती हुई चिंगारियों ने उस भयानक अग्नि का रूप धारण कर लिया, जिसमें गुलामी की ज़ंजीरें पिघल गयीं और प्राची के गर्भ से अंकुरित स्वाधीनता-रश्मियों ने भारत भूमि को चूम लिया।

उर्दू-गद्य और भारत का स्वाधीनता-संग्राम लगभग साथ-साथ ही शुरू हुए थे, लेकिन क्योंकि स्वाधीनता-संग्राम का उदयकाल राजनीतिक एवं सामाजिक अस्तव्यस्तता का काल रहा इसलिए हम उर्दू गद्य-साहित्य से यह आशा तो नहीं कर सकते कि हमें इसमें स्वाधीनता-संग्राम की पताकाएँ फहराती हुई दिखाई देंगी या इस युग की रचनाओं से शहीदों के लहू की महक हमारे नथने छुएगी, परन्तु क्योंकि साहित्य-सृजन की प्रक्रिया में से लेखक के युगीन समाज तथा युगीन राजनीतिक, सामाजिक परिस्थितियों को निकाल बाहर नहीं किया जा सकता, इसलिए उर्दू के गद्यकारों से यह आशा करना अनुचित नहीं होगा कि उन्होंने देश तथा समाज के प्रति अपने कर्त्तव्य को पहचानने में तथा अपनी रचनाओं द्वारा पाठकों में स्वाधीनता की चेतना लाने के लिए कुछ न कुछ अवश्य किया होगा।

इसमें सन्देह नहीं कि 1857 का स्वाधीनता-संग्राम असफल रहा परन्तु इसमें हमें पहली बार यह अनुभव हुआ कि हम एक क़ौम हैं और हमें गुलाम नहीं रहना है। दूसरी ओर व्यापारी से शासक बने चालाक फरंगियों ने यहाँ के लोगों में साम्प्रदायिकता की भावना जगाकर उनके दिमागों में साम्प्रदायिकता का ज़हर भरना शुरू कर दिया। हिन्दुओं और मुसलमानों के बीच घृणा एवं वैरभाव की दीवारें खड़ी करने के सजग प्रयास हुए। इससे हमारे स्वाधीनता-संग्राम को भी क्षति पहुँची और अन्ततः स्वतन्त्रता की देवी भी मानव-रक्त से सने परिधान में प्रकट हुई। 1857 की विफलता के बाद यह आवश्यक हो गया था कि हमारे समाज का पुनर्निमाण हो। फलतः कतिपय धार्मिक एवं सांस्कृतिक संस्थाओं ने जन्म लिया, जिनमें से कई एक को युग-निर्माता संस्थाएँ होने का सौभाग्य भी प्राप्त हुआ। इतिहास के इस मोड़ पर जहाँ एक ओर उर्दू के समाचार पत्रों ने ईमानदारी के साथ अपने कर्त्तव्य को पहचानते हुए प्रथम स्वाधीनता-क्रान्ति को राष्ट्रीय-क्रान्ति का रूप देने में भरपूर योगदान दिया, वहाँ दूसरी ओर उर्दू के गद्यकारों ने समाज-सुधार की भावना को लेकर जन-मानस में चेतना भरने और उन्हें संगठित करने का प्रयास आरम्भ किया। स्वाधीनता-संग्राम के संदर्भ में मैं यहाँ उर्दू के दो अख़बारों की चर्चा करना आवश्यक समझता हूँ। प्रथम, 'उर्दू अख़बार', जिसके सम्पादक मौलाना मुहम्मद हुसैन आज़ाद के पिता मुहम्मद बाक़र थे और दूसरा, 'पयामे-आज़ादी', जिसके सम्पादक अज़ीमुल्ला थे। 'उर्दू अख़बार' ने अपने पाठकों के हृदय में सुप्त देश-प्रेम की भावना को किस हद तक जगाया होगा, इसका अनुमान इस तथ्य से लगाया जा सकता है कि आततायी अंग्रेज़ों ने सम्पादक का घर लूटा और उन्हें मौत के घाट उतार दिया। 'पयामे-आज़ादी' के साथ यह बर्ताव किया गया कि यदि किसी घर से इस अख़बार की प्रति मिल जाती थी तो उस घर को तबाह करने के लिए इस अपराध को काफी समझा जाता था। समाचार पत्रों के माध्यम से उर्दू के गद्यकारों ने आज़ादी के पथ में जो रक्तरंजित पुष्प बिखेरे थे, उसकी थोड़ी-सी चर्चा यहाँ करता चलूँ क्योंकि इसके बाद मैं अपने इस लेख को पत्रकारिता से अलग गद्य-साहित्य पर केन्द्रित करना चाहता हूँ।

'उर्दू अख़बार' और 'पयामे-आज़ादी' से लेकर देश के स्वतन्त्र होने तक उर्दू अख़बारों की बहुत बड़ी संख्या ऐसी है जिन्होंने स्वाधीनता आन्दोलन की धूप में अपने तलवे जलाए और निरन्तर कलम के द्वारा देश-सेवा में निरत रहे। इन अख़बारों में मैं ज़िक्र करना चाहता हूँ 'उर्दू-ए-मुअल्ला' का, जिसके सम्पादक मौलाना हसरत मोहानी को देश-प्रेम के अपराध में दो वर्ष की कैद मिली थी। ज़िक्र करना चाहता हूँ 'अवध पंच' का, जिसमें क़लमकारों का एक क़बीला देश की स्वतन्त्रता के लिए कृत संकल्प था और जिसमें मुंशी सज्जाद हुसैन, मिर्ज़ा मच्छू बेग, रत्ननाथ सरशार, त्रिभुवननाथ हिज्र और बृजनारायण चकबस्त जैसे अग्रगण्य लेखक शामिल थे। ज़िक्र करना चाहता हूँ पण्डित मेलाराम वफ़ा के अख़बार 'गुरु घण्टाल' का, जिसे बन्द

करने के लिए अंग्रेज़ों ने अत्याचार में कोई कसर नहीं उठा रखी थी। इन पत्रों में प्रकाशित हुए कुछेक लेखों के शीर्षकों से ही आप यह अनुमान लगा लेंगे कि उर्दू का अख़बारी-गद्यकार स्वदेश के प्रति अपने कर्त्तव्य को लेकर कितना जागृत था और किस प्रकार ग़ुलामी के अन्धकार को मिटाकर स्वतन्त्रता का प्रकाश फैलाने में तन-प्राण से जुटा हुआ था। देखिए ये शीर्षक– कांग्रेस और आज़ादी-ए-कामिल (पूर्ण स्वतन्त्रता), नेहरू रिपोर्ट पर फ़ातिहा पढ़ने के बाद, आज़ादी का नया दामे-फ़रेब (भ्रमजाल), रौलेट-बिल, इम्पीरियलिज़्म की रूह और राहे-अमल (क्रियान्वन-शैली), आख़िरी मंज़िल और हमारा फ़र्ज़ आदि।

राजनीतिक स्वतन्त्रता प्राप्त करने के लिए समाज के नव-निर्माण का जो कार्य आरम्भ हुआ, उसके तीन रूप बने। प्रथम यह कि मुसलमान लेखकों ने भारतीय मुसलमानों को इस्लाम के स्वर्णिम अतीत की स्मृति दिलाकर, युगीन अपेक्षाओं के संदर्भ में, फिर से सुसंगठित होने का सन्देश दिया। दूसरे, हिन्दू लेखकों ने हिन्दुओं के मस्तिष्क में आर्यवर्त की स्मृति जागृत करके, उन्हें समाज की दशा सुधारकर, फिर से अपनी विलुप्त अस्मिता प्राप्त करने का आह्वान किया। तीसरे, हिन्दू तथा मुसलमान लेखकों ने साम्प्रदायिक एकता एवं धार्मिक सहिष्णुता के द्वारा एक ऐसी सभ्यता और संस्कृति को प्रचारित किया, जिसमें हिन्दू तथा मुसलमान दो भिन्न जातियाँ न होकर एक जाति बनते हैं। इस संदर्भ में जहाँ एक ओर सर सैयद अहमद ख़ाँ, मौलाना अल्ताफ़ हुसैन हाली तथा मौलाना शिबली जैसे गद्यकारों का उद्देश्य मुस्लिम समाज का पुनरुत्थान था, वहाँ दूसरी ओर लाला लाजपतराय, स्वामी श्रद्धानन्द और महाशय कृष्ण जैसे क़लमकारों का आदर्श हिन्दू समाज को परिष्कृत-सुसंस्कृत करना था। लेकिन उर्दू के ये लेखक ऐसे लेखक थे, जिन पर न साम्प्रदायिकता का दोष लगाया जा सकता है, न कट्टरपंथिता का। अपने इस कथन की पुष्टि में मैं केवल एक उदाहरण प्रस्तुत करता हूँ। सर सैयद के जीवन का उद्देश्य मुस्लिम समाज का उत्थान था लेकिन इस पर भी उनका विश्वास था कि "हिन्दोस्तान एक ख़ूबसूरत दुल्हन है और हिन्दू और मुसलमान इसकी दो आँखें हैं। इसकी ख़ूबसूरती इसी में है कि इसकी दोनों आँखें सलामत और बरक़रार रहें।"

लेख-रचना के हवाले से मैं यहाँ तीन गद्यकारों के बारे में बात करना चाहूँगा। इन तीनों गद्यकारों को आधुनिक उर्दू गद्य के निर्माता माना जाता है। ये हैं सर सैयद, हाली और शिबली। इनमें से सर सैयद और हाली की राजनीतिक चेतना एक ओर तो अज्ञानभ्रमित भारतीय समाज को विद्या एवं विज्ञान के प्रकाश से परिचित कराने के लिए कटिबद्ध थी और दूसरी ओर ये दोनों महानुभाव अंग्रेज़-परस्ती के द्वारा भारतीय मुसलमानों को सत्ता दिलाने के लिए कर्मशील थे। इन दोनों गद्यकारों का राजनीतिक दृष्टिकोण जो भी रहा हो, इनकी रचनाओं के दर्पण में उर्दू का साधारण पाठक भारत की दुर्दशा का चित्र देख सका तथा उसके भीतर देश को

स्वाधीन देखने की लालसा पनप उठी। इनके विपरीत मौलाना शिबली अंग्रेज़ों के कड़े विरोधी थे तथा उस क्रान्ति के इच्छुक थे, जिसके बिना अंग्रेज़ी साम्राज्य का विनाश सम्भव प्रतीत नहीं हो रहा था। सर सैयद और हाली के विपरीत क्योंकि शिबली स्वयं स्वाधीनता संग्राम के सेनानी थे, इसलिए उन्होंने अपने गद्य-लेखन के द्वारा ईरान के स्वतन्त्रता-संग्राम की प्रतिनिधि फ़ारसी कविता में से फ़िरदौसी को इन्क़लाब, देशभक्ति और क्रान्ति का प्रतीक बनाकर प्रस्तुत किया ताकि उनके पाठक इससे प्रभाव ग्रहण करके स्वाधीनता-संग्राम में कूद पड़ें।

समाजोद्धार की इसी भावना को लेकर उर्दू उपन्यासकारों ने दास्तानगोई के शैशव काल में ही उर्दू-गद्य की धारा इस ओर मोड़ दी और नज़ीर अहमद ने 'मिरातुल्-उरूस' (1869) की रचना की। उनकी यह प्रथम कृति ही समाज-सुधार के संदर्भ में एक उद्देश्यपूर्ण रचना सिद्ध हुई। इसी युग में, इस्लामी इतिहास को दोहराकर कि इससे मुसलमानों की रगों में जमा रक्त पिघलेगा और वे अपने समाज को कुरीतियों से मुक्त कर पाएँगे, अब्दुल हलीम 'शरर' ने ऐतिहासिक उपन्यासों की रचना की। समाजोत्थान की इसी भावना को लेकर राशिदुल्ख़ैरी, मुहम्मद अली तबीब और मिर्ज़ा मुहम्मद सईद ने उपन्यास लिखे। इन उपन्यासकारों में मिर्ज़ा मुहम्मद सईद की पकड़ अपने परिवेश तथा अपने समाज पर बहुत मज़बूत है और उनके उपन्यास 'ख़्वाबे-हस्ती' में उस काल की सामाजिक तथा राजनीतिक दुर्दशा का चित्रण उस स्वतन्त्रता की ओर इंगित करता है, जिसकी प्राप्ति के लिए भारतीय समाज नानाविध कर्मरत था।

भारतीय स्वाधीनता संग्राम को प्रेमचन्द के रूप में एक ऐसा उपन्यासकार प्राप्त हुआ, जिसके उपन्यासों ने जन-साधारण को झिंझोड़कर रख दिया। उपन्यासकार तथा कहानीकार, दोनों के रूप में ही, प्रेमचन्द स्वाधीनता-संग्राम के वे सेनानी हैं, जिनकी लेखनी आदि से अन्त तक स्वदेश को स्वाधीन देखने को लालायित रही। इस लेखनी ने हज़ारों पाठकों के दिलों को स्वदेश-प्रेम की भावना से पूरित किया। इसमें सन्देह नहीं कि प्रेमचन्द की उपन्यासकारिता भी सुधारवाद के बादलों से आच्छादित रही लेकिन प्रेमचन्द का अन्तःकरण भारत के स्वाधीनता-संग्राम से इस प्रकार भावुक होकर जुड़ा हुआ था कि उनका समकालीन कोई भी दूसरा साहित्यकार उनके कद के बराबर नहीं पहुँच पाता। देश की स्वतन्त्रता का जो जज़्बा प्रेमचन्द के मन-मस्तिष्क में हिलोरें ले रहा था, उसकी प्रथम झलक हमें उनके प्रथम कहानी-संग्रह 'सोज़े-वतन' से ही मिल जाती है कि उनकी सशक्त रचनाधर्मिता से भयभीत ब्रिटिश सरकार ने इस पुस्तक की समस्त प्रतियाँ होम कर दीं क्योंकि सरकार को यह आशंका थी कि इन कहानियों को पढ़ने से भारत के लोग अंग्रेज़ों के विरुद्ध बग़ावत कर देंगे।

देश-प्रेम की यह भावना प्रेमचन्द के उपन्यासों, विशेष रूप से 'गोशा-ए-आफ़ियत', 'चौगाने-हस्ती' और 'मैदाने-अमल' में इतनी स्पष्ट है कि उनकी रचनाधर्मिता युगीन

सामाजिक-राजनीतिक आक्रोश को अपने अन्दर भरकर, देश को स्वाधीन देखने को तड़प उठती है। इन उपन्यासों में प्रेमचन्द देश की समस्याओं को ऐसी प्रतिबद्धता के साथ अनुभव करते हैं कि 'मैदाने-अमल' की रचना के साथ ही वे स्वयं सक्रिय राजनीति के क्षेत्र में कूद पड़ते हैं। अपने अन्तिम उपन्यास 'गोदान' की रचना तक प्रेमचन्द, गाँधी जी के नेतृत्व में, कांग्रेस के स्वाधीनता-आन्दोलन से जुड़े रहते हैं। प्रेमचन्द ने जहाँ 'गोशा-ए-आफ़ियत' में गाँधी जी के चम्पारन-आन्दोलन का कथात्मक चित्रण प्रस्तुत किया है, वहाँ उन्होंने 'चौगाने-हस्ती' में देश की समस्याओं को गाँधीवादी दृष्टिकोण से देखकर उनके समाधान की ओर इशारा किया है। भारतीय स्वतन्त्रता-संग्राम का आधार क्योंकि अहिंसात्मक आन्दोलन था, इसलिए 'चौगाने-हस्ती' में प्रेमचन्द का सूरदास यह घोषणा करता है कि "हम हारे तो क्या, मैदान से भागे तो नहीं, रोये तो नहीं, धाँधली तो नहीं की। फिर खेलेंगे, जरा दम तो लेने दो। एक दिन हमारी जीत होगी, जरूर होगी।"

मुझे यह कहने में तनिक भी संकोच नहीं है कि प्रेमचन्द के उपन्यासों, कहानियों, नाटकों और लेखों के गंभीर अध्ययन से भारतीय स्वाधीनता-संग्राम का सम्पूर्ण इतिहास संकलित किया जा सकता है।

उर्दू कहानी में सुल्तान हैदर जोश प्रेमचन्द के कंधे से कंधा मिलाते हैं। उनकी कहानियों में जहाँ एक ओर तत्कालीन सामाजिक-राजनीतिक उथल-पुथल का सजीव चित्रण उपलब्ध होता है, वहाँ दूसरी ओर समाज-सुधार की उत्कट इच्छा भी दिखाई देती है। इसके बावजूद जोश की कहानियों में क्रान्ति का वह स्वर सुनाई नहीं देता, जिसकी गूँज स्वाधीनता-संग्रामियों की मूल हुंकार थी। और फिर, अपने परिवेश के जो सजीव चित्र प्रेमचन्द की कहानियाँ प्रस्तुत करती हैं, कहानी-रचना का यह जौहर प्रेमचन्द के समकालीन किसी दूसरे लेखक के पास नहीं है। प्रेमचन्द के यहाँ स्वतन्त्रता के रूप में राजनीति का ध्येय स्पष्ट है। यह ध्येय उनके कतिपय समकालीन कहानीकारों के यहाँ तो है ही नहीं, और जहाँ है भी वहाँ इसकी रूपरेखा इतनी स्पष्ट नहीं है, जितनी प्रेमचन्द की कहानियों में है। प्रेमचन्द की कहानियों में समाज तथा राजनीति, सुधार तथा क्रान्ति का सुन्दर संगम विद्यमान है, जिसने उनके बाद आने वाली पीढ़ी के कहानीकारों को प्रभावित भी किया है और उसका मार्ग-दर्शन भी किया है।

उर्दू-कहानी में स्वाधीनता-संग्राम से प्रभाव ग्रहण करके समाज की वास्तविक एवं घिनौनी तस्वीर पेश करके, ग्रामीणों में जागृति लाने का उत्तरदायित्व निभाने वाले कहानीकारों में, प्रेमचन्द के अतिरिक्त, जिनका नाम लिया जा सकता है, वे हैं हामिद उल्ला अफ़सर, अज़ीम बेग चुग़ताई और सुदर्शन। 1930 तक आते-आते उर्दू के कहानीकार स्वाधीनता-संग्राम को यौवन पर आया देखते हैं तो उन्हें अनुभव होता है कि अहिंसात्मक आन्दोलन फिर से जवान हो उठा है। साइमन कमीशन के आगमन और

गोल मेज़ कान्फ्रेंस से स्वतन्त्रता की रूपरेखा स्पष्ट होने लगी है। पूरा देश स्वतन्त्रता की स्वर्णिम प्रभात की प्रतीक्षा में है तथा इस प्रभात का आगमन अब अनिश्चय के गर्भ में नहीं है। इतिहास के इस मोड़ तक आते-आते प्रेमचन्द यद्यपि उर्दू के सर्वाधिक लोकप्रिय कहानीकार बन चुके होते हैं लेकिन अब वे इस यात्रा में एकाकी नहीं रहते। अली अब्बास हुसैनी, सुहैल अज़ीमाबादी, अख़्तर ओरेनवी जैसे कितने ही कहानीकार उनकी परम्परा को आगे ले जाने के लिए क़लम उठाते हैं और उनकी कहानियों में भी राजनीतिक-आर्थिक समस्याएँ मुखरित हो उठती हैं। इन सभी समस्याओं का समाधान स्पष्ट रूप से स्वाधीनता ही है। क्योंकि ब्रिटिश राज्य के अन्त के साथ केवल राजनीतिक स्वतन्त्रता ही नहीं, सरमायादारी के भयंकर राक्षस का विनाश भी जुड़ा हुआ था इसलिए प्रेमचन्द की परम्परा में तत्कालीन नये कहानीकार (यथा कृष्ण चन्दर, अख़्तर अंसारी, उपेन्द्रनाथ अश्क आदि) भी सामाजिक व्यवस्था तथा बदलते हुए राजनीतिक परिवेश को लेकर कहानियाँ लिखने लगे। धीरे-धीरे इस परम्परा ने प्रगतिवादी आन्दोलन का रूप धारण किया तथा इस साहित्यिक आन्दोलन ने हमें सज्जाद ज़हीर, अहमद नदीम क़ासिमी, सआदत हसन मंटो, हयात उल्ला अंसारी और राजेन्द्र सिंह बेदी जैसे कहानीकार प्रदान किए। बाद में आने वाली कहानीकारों की इस पीढ़ी के सामने सामाजिक-राजनीतिक समस्याएँ ऐसी उलझी हुई नहीं थीं, जैसी प्रेमचन्द के युग में थीं। रूस की सफल क्रान्ति ने एक रास्ता दिखा दिया था और यह स्पष्ट हो चला था कि भारत की स्वाधीनता अब कवि की कल्पना मात्र नहीं है।

भारत के स्वाधीनता-संग्राम में उर्दू-गद्य का योगदान, वास्तव में, एक लेख का नहीं बल्कि एक पूरी किताब का विषय है क्योंकि लेख में उस विस्तार की गुंजाइश नहीं होती, जो पुस्तक में होती है। इसलिए मुझे उर्दू के गद्यकारों की राजनीतिक चेतना एवं तत्सम्बन्धी कर्त्तव्यपरायणता की ओर संकेत मात्र ही करने पड़े हैं। इस विषय पर और अधिक बातचीत की भरपूर गुंजाइश है। अब क्योंकि हमारे सामने राष्ट्रीयता का चित्र स्पष्ट हो चुका है और अब क्योंकि हम अपने इतिहास, संस्कृति तथा राष्ट्रीय अस्मिता के प्रति जागरूक हैं, इसलिए यह आवश्यक है कि उर्दू जैसी देशव्यापी, मिली-जुली संस्कृति की पक्षधर भाषा की राष्ट्रीय सेवाओं को संकलित किया जाए और आने वाली पीढ़ियों के लिए अच्छे और खरे साहित्य की पहचान का यह संकेत छोड़ा जाए कि अच्छा और खरा साहित्य वही होता है जो अपने युग तथा अपने समाज का दर्पण बनता है और जिसमें अपने समाज को आईना दिखाने की क्षमता होती है।

डॉ. इक़बाल: तस्वीर का दूसरा रुख़

शायरे-मशरिक़ डॉ. इक़बाल ने अपने बारे में कहा था, "मन बिरहमन ज़ादा रम्ज़आशना-ए-रूमी-ओ तबरेज़ अस्त।" (मैं ब्राह्मणों की सन्तान हूँ और रूमी तथा तबरेज़ के मर्म से परिचित हूँ।) अफ़सोस कि इक़बाल के आलोचकों ने उनके इस कथन पर यथेष्ट ध्यान नहीं दिया। इक़बाल का स्वयं को ब्राह्मण-सुत कहना केवल एक ऐतिहासिक तथ्य की स्वीकारोक्ति ही नहीं है बल्कि इशारा यह है कि मैं जिस प्रकार से रूमी और तबरेज़ के इस्लामी दर्शन से परिचित हूँ, उसी प्रकार हिन्दू-दर्शन से भी परिचित हूँ। इससे भी ज़्यादा अफ़सोस इस बात का है कि सामाजिक-राजनीतिक विवशताओं ने इक़बाल जैसे विश्व-कवि को मुसलमान शायर या शायरे-इस्लाम बना दिया है।

इसमें सन्देह नहीं कि शुरू-शुरू में इक़बाल को जो श्रोता उपलब्ध हुए थे, वे 'अंजुमने-हिमायते-इस्लाम' के ध्वज तले एकत्र होने वाले मुसलमान ही थे लेकिन यह दौर उनके जीवन का संक्षिप्त-सा दौर था। इस संक्षिप्त दौर में भी इक़बाल की पूर्वाग्रहमुक्त मानसिकता भारत की गंगा-जमनी सभ्यता की पक्षधर सिद्ध होती है। उनकी कविता किसी एक सम्प्रदाय या समुदाय तक सीमित नहीं रहती है। वे अपने प्रथम कविता-संग्रह 'बाँगे-दरा' में गायत्री मन्त्र का भावानुवाद करते हैं, राम को 'इमामे-हिन्द' घोषित करते हैं, गुरु नानक को 'मर्दे-कामिल' स्वीकार करते हैं और अपने समकालीन अध्यात्मवेत्ता स्वामी रामतीर्थ को 'गौहरे-नायाब' बताते हैं। वे स्वयं को हज़रत बिलाल या हज़रत सिद्दीक़ के यशोगान तक सीमित नहीं रखते हैं।

मैं समझता हूँ कि इक़बाल के पास एक दृष्टि-शक्ति थी, जिसकी सहायता से वे मनुष्य को अध्यात्म के उस शिखर पर ले जाना चाहते थे, जहाँ उसका भाग्य लिखने से पूर्व विधाता उससे पूछे, 'बता तेरी रज़ा क्या है?' इस दृष्टि-शक्ति में उनकी सूफ़ियों से प्राप्त 'खुदी' की कल्पना केन्द्रीय बिन्दु थी, जिसको इक़बाल ने मानव जाति के स्वाधीनता-संघर्ष के साथ जोड़कर, इसके अर्थ को संकुचित कर दिया। फलतः उनका 'मर्दे-मोमिन' (धर्मनिष्ठ व्यक्ति) 'मर्दे-कामिल' (सम्पूर्ण मानव) बनने के स्थान पर 'मर्दे-मुसलमान' बन गया और इक़बाल 'शायरे-मशरिक़' से 'शायरे-इस्लाम' बन गये या बना दिए गये। अस्तित्व में आने के बाद पाकिस्तान को अपना एक

गाँधी चाहिए था तो उनके पास इक़बाल से बेहतर और कोई व्यक्तित्व था ही कहाँ। परिणामस्वरूप उनको 'पाकिस्तान के बानी' और 'शायरे-मिल्लत' के रूप में प्रस्तुत करके इस ज़ोर-शोर से उनके इस्लामी शायर होने की घोषणा की गयी कि यदि यह सब उनके रहते हुआ होता तो वे अपने राजनीतिक प्रशंसकों का मुँह नोंच लेते।

इक़बाल को ग़लत समझने और ग़लत तौर पर पेश करने वालों ने इस्लाम को भी कहाँ समझा है? इक़बाल के यहाँ इस्लाम की जो वैश्विक बल्कि ब्रह्माण्डिक परिकल्पना विद्यमान है, उसमें रंग, नस्ल या देशकाल की सीमाएँ मौजूद नहीं हैं। क़ुर्आन का रब 'रब्बिल-आलमीन' (अखिल सृष्टि का प्रभु) है, 'रब्बिल-मुसलमीन' नहीं है। 'मन अर्फ़ा नफ़सा फ़क़द अर्फ़ा अल्लाह' (आत्म-ज्ञान ही ब्रह्म-ज्ञान है) ही तो है जो इक़बाल के यहाँ आत्म-परिचय के माध्यम से ब्रह्म-ज्ञान का प्रथम चरण बनकर प्रस्तुत होता है। यही वेदान्त है, जो आध्यात्मिक उन्नति के शिखर पर पहुँचकर साधक को 'अहम् ब्रह्मास्मि' का जयघोष करने की शक्ति प्रदान करता है। इक़बाल का 'ख़ुदी' का दर्शन वह आत्मज्ञान है, जो जब विचार से कर्म में परिणत होता है तो उसके संगीत में शाश्वत जीवन का सुराग़ मिलता है और उसकी ऊर्जा से उम्मतों के चिराग़ रोशन होते हैं। यह आत्मज्ञान हिन्दू-मुसलमान के भेद-विभेद से बहुत ऊपर है। व्यक्ति का सम्बन्ध किसी भी धर्म या किसी भी जाति से हो, जब वह स्वयं को पहचान लेता है तो सीमा-मुक्त होकर अपने भीतर निहित दिव्य-प्रकाश को देख लेता है और उसकी ख़ुदी उसको निस्सीम बनाकर सृष्टि का श्रेष्ठतम प्राणी बना देती है।

सत्य दो प्रकार का होता है—कालिक तथा शाश्वत। कालिक सत्य समय के साथ-साथ बदलते रहते हैं। उदाहरणार्थ अमुक व्यक्ति अमुक देश का राजा है, यह कालिक सत्य है क्योंकि उसके सिंहासनारूढ़ होने से पूर्व कोई अन्य व्यक्ति उस देश का राजा था और उसके बाद भी कोई अन्य व्यक्ति उस देश का राजा होगा। परन्तु मृत्यु शाश्वत सत्य है। जो भी व्यक्ति पैदा हुआ है, उसे निश्चय ही एक दिन मृत्यु को प्राप्त होना है। उर्दू कविता को विचार की गरिमा तथा दर्शन का गांभीर्य प्रदान करने वाले इक़बाल के यहाँ ये दोनों प्रकार के सत्य साथ-साथ चलते हैं।

इक़बाल की शायरी, विशेष रूप से उनकी प्रारम्भिक शायरी (1905 तक), में देशभक्ति की जो भावना फूट-फूट पड़ती है, वह उनके कालिक सत्य के प्रति मोह का परिणाम ही है। योरोप-प्रवास (1905-1908) के दौरान इक़बाल की चेतना एक भौगोलिक दायरे में से निकलकर दूसरे भौगोलिक दायरे अर्थात् 'ला-वतनीयत' (सीमामुक्ति) के दायरे में प्रवेश कर लेती है। एक कालिक सत्य दूसरे कालिक सत्य से बदल दिया जाता है। इस दायरा-परिवर्तन में इक़बाल की विश्वदृष्टि धर्म तथा सम्प्रदाय के मोह में पड़ जाती है और 'हजाज़ियत' के मार्ग पर चलकर 'उक़ाबियत' (गिद्धवाद) की ओर अग्रसर होने लगती है। इस मोड़ पर इक़बाल को इस्लाम और

ग़ैर-इस्लाम या मुस्लिम और ग़ैर-मुस्लिम के अन्तर से ऊपर उठकर सृष्टि और मानवता की जिस ब्रह्माण्डिक परिकल्पना को मार्ग-दर्शक बनाना था, वह उनसे नहीं हो पाया। अलबत्ता अपनी शायरी के अन्तिम दौर में (1908-1938) इक़बाल जब सम्पूर्णता तथा शाश्वत सत्य के सम्मिश्रण से ख़ुदी को मानव-धर्म, अमल (कर्मशीलता) को सिद्धान्त और जद्दोजहद (संघर्ष) को दिनचर्या बनाकर अपने पाठक को परमात्मा से संवाद स्थापित करने के लिए तैयार करने लगते हैं तब उनका ख़ुदी और ग़म का दर्शन शाश्वत सत्यों का रहस्योद्‌घाटन करने लगता है। इक़बाल के चिन्तनोत्कर्ष का यह क्रम उनके योरोप-प्रवास के दौरान शुरू हो गया था, जो 'बाले-जिबरील', 'ज़र्बे-कलीम' और 'जावेदनामा' तक आते-आते उनकी कविता को दार्शनिकता से सुसज्जित करके उनको ज़नकवि के स्थान पर बुद्धिजीवी कवि बना देता है।

इक़बाल की कविता-यात्रा 'बाँगे-दरा' में संकलित कविताओं से आरम्भ होती है। यह वह दौर है जब वे कभी मिर्ज़ा दाग़ के रंग में ग़ज़लें कहते हैं तो कभी अकबर इलाहाबादी की तर्ज़ पर हास्य-व्यंग्यात्मक कविताएँ लिखते हैं। यह वह दौर है जिसमें कवि अपने लिए ज़मीन की तलाश कर रहा है। जब वे दाग़ और अकबर से प्रभावमुक्त होकर बच्चों के लिए कविताएँ लिखते हैं या देशभक्ति की भावना से भारत का प्रशस्तिगान करते हैं, तो एक कवि के तौर पर उनकी पहचान स्थापित होने लगती है लेकिन योरोप-प्रवास के दौरान उनकी सोच राष्ट्रीय से साम्प्रदायिक हो जाती है और दर्शन उनकी सोच को आच्छादित कर लेता है। 'असरारे-ख़ुदी', 'रमूज़े-ख़ुदी' और 'पयामे-मशरिक़' का शायर अपने कथ्य के द्वारा भी अपनी पहचान बनाता है और अपनी शैली के द्वारा भी। योरोप से लौटने के बाद इक़बाल की शायरी सामूहिक वैश्विक जीवन-चेतना के साथ नये आयाम तथा नयी सम्भावनाएँ तलाश करती है और इक़बाल अपने पाठकों के भीतर जिजीविषा और कर्मण्यता का जोश पैदा करके एक वैद्य और एक मार्गदर्शक की भूमिका अदा करने लगते हैं।

इक़बाल की दार्शनिक कविता का मुख्य बिन्दु मानव है, जिसकी व्यक्तिगत हैसीयत को स्वीकार करके वे उसके व्यक्तित्व यानी उसकी खुदी को जीवन का अत्युत्तम प्रकाशन समझते हैं। यह ख़ुदी ही है जो एक विशेष स्तर पर पहुँचकर यह रूप धारण कर लेती है कि यदि जीवन को तलवार कहा जाए तो यह उसकी धार होती है और यदि जीवन को मानवास्तित्व कहा जाए तो यह उसकी चेतन-शक्ति होती है। अतः इक़बाल का कोई भी दर्शन हो, संस्कृति-सभ्यता-दर्शन हो, कर्मशीलता-दर्शन हो या प्रेम एवं दुःखवाद-दर्शन हो, उसकी आत्मा उनका ख़ुदी सम्बन्धी दृष्टिकोण ही है। इक़बाल की दृष्टि में क्योंकि ख़ुदी एक गतिशील ऊर्ध्वमुखी शक्ति है, इसलिए यह बेहतर से बेहतर रूप में प्रकट होने को लालायित रहती है। आवश्यकता केवल व्यक्ति द्वारा स्वयं को पहचानने की होती है। स्वयं को पहचानकर यदि व्यक्ति इसके परिष्कार एवं इसकी सम्पूर्णता पर केन्द्रित हो जाता है तो वह उसे उस ऊँचाई पर

ले जाती है, जहाँ प्रकृति ने उससे विश्व को मार्ग दिखाने का काम लेना होता है।

खुदी के उत्तरोत्तर विकास के लिए इक़बाल ने जो सीधी राह चुनी है, वह इस्लाम की राह है। मैं समझता हूँ कि यही इक़बाल की सबसे बड़ी उलझन है, जिसके कारण उनका संदेश प्रगतिशीलता तथा प्रतिक्रियावादिता के प्राकृतिक विरोधाभास का शिकार हो जाता है। कृति को कृतिकार के सामने लाकर खड़ा कर देने के बावजूद इक़बाल को परम्परा का मोह घेरे रहता है और वे अतीत के मोह में डूबते चले जाते हैं। यही कारण है कि वे संसार की समस्त आपदाओं एवं समस्याओं का समाधान इस्लाम में तलाश करते रहते हैं, जबकि उनका योरोपीय सामाजिक-राजनीतिक अनुभव तथा पश्चिमी साहित्य का गहन अध्ययन उनको कभी साम्यवाद की ओर खींचने लगता है और कभी फासीवाद जैसे गिद्धवाद की ओर। इसी प्रकार जब वे समाज के परिष्कार एवं उत्थानार्थ मानव के संघर्ष को भाग्य के बराबर लाकर खड़ा करते हैं और मानव-कल्याणार्थ पुरातन विधान को अलविदा कहकर नूतन विधान बनाने का संदेश देते हैं तो स्वयं उनके मस्तिष्क में इस विधान की कोई स्पष्ट रूपरेखा नहीं होती।

ख़ुदी के उत्थान एवं सम्पूर्णता के लिए इक़बाल प्रेम को हथियार बनाते हैं। उनके यहाँ प्रेम कोई व्यक्तिगत भावना नहीं है अपितु समस्त सृजन एवं उत्थान के लिए एक दिव्य शक्ति है क्योंकि प्रेम ही है जो मानव के अहंकार को पदाक्रान्त करके उसे टूटे हुए तारे से पूर्ण चन्द्रमा बनने की ओर अग्रसर करता है। लेकिन यहाँ पर भी उनकी प्रेम सम्बन्धी परिकल्पना जिस रूप में क्रियान्वित होती है, वह रूप ब्रह्माण्डिक न होकर भौगोलिक हो गया है। इक़बाल के अनुसार मानव-जीवन की सुख-समृद्धि के लिए जिस शक्ति की आवश्यकता होती है, वह शक्ति प्रेम ही से प्राप्त होती है। इस शक्ति को वे भारत की दासतामुक्ति के साथ जोड़ लेते हैं और इसके वैश्विक रूप को भौगोलिक दायरे में कैद कर लेते हैं। दूसरे शब्दों में वे पराभौतिक होते-होते भौतिक हो जाते हैं हालाँकि उनका दर्शन यह है कि संसार में जहाँ-जहाँ भी मानव ने मानव को गुलाम बना रखा है, वहाँ-वहाँ मानव-जीवन कर्मशीलता से रिक्त पड़ा है।

यह विरोधाभास इक़बाल की कविता में ही नहीं, उनके व्यक्तित्व में भी मौजूद रहा। मूल रूप में वे धर्मनिरपेक्षता के पक्षधर थे। जहाँ एक ओर उन्हें अपने ब्राह्मण-संतति होने का गर्व था और वे संस्कृत के विकास के लिए कश्मीरी ब्राह्मणों के नेता बने हुए थे, वहाँ दूसरी ओर वे पंजाबी मुसलमानों का नेतृत्व भी कर रहे थे। इक़बाल प्रोफेसर भी थे, बैरिस्टर भी। वे प्रादेशिक मुस्लिम लीग के अध्यक्ष भी थे और एम.एल.ए. भी। वे वेदान्ती भी थे और सूफ़ी भी। वे 'धरती के बासियों की मुक्ति प्रीत में है' के उद्घोषक भी थे और उनहोंने ही 1930 की मुस्लिम लीग की इलाहाबाद कान्फ्रेंस में पाकिस्तान के विचार का बीजारोपण किया था। ये वही

इक़बाल हैं जो अपनी राष्ट्रवादी कविताओं में देशभक्ति का प्राण भरते हैं, प्रकृति-चित्रण में अपनी आत्मा उंडेल देते हैं, पतनोन्मुख मुस्लिम समाज की दयनीय अवस्था पर विचलित होते हैं और भारतीय मूल्यों के ह्रास पर भारतीयों को झिंझोड़ते हैं।

इस विरोधाभास के बावजूद उनकी कविता के भीतर से 'सम्पूर्ण मानव' की परिकल्पना का उदय होता है। उनका यह सम्पूर्ण मानव शुचितापूर्ण सहृदय मानव है, जो मूल रूप में क़लंदर है; जो रंग भेद, जाति भेद या वर्ण भेद से ऊपर उठकर, अपनी ख़ुदी का दामन थामकर कर्मभूमि में उतरता है और क़ौम का दर्द हृदय में भरकर स्वयं को जिहाद में झोंक देता है। इक़बाल की यह परिकल्पना उनके पाठकों को कर्मशीलता का भाव प्रदान करती है और मानव-समाज की उन्नति के नये आयाम खोजने की प्रेरणा देती है।

रणजीत सिंह-काल का पंजाबी साहित्य

इस तथ्य की पुष्टि के लिए अनेक प्रमाण उपलब्ध हैं कि निपट निरक्षर होते हुए भी महाराजा रणजीत सिंह संगीत के प्रेमी तथा कविता के रसिक थे। उनकी अनपढ़ता उनके कविता सुनने के शौक और पसंद आयी कविता पर पारितोषिक देने के उत्साह के रास्ते का कभी रोड़ा नहीं बनी। सैयद मुहम्मद लतीफ़ पुष्टि करते हैं कि, "वह अनपढ़ था, कोई भी भाषा लिख-पढ़ नहीं सकता था परन्तु तब भी उसके मन में विद्वत्ता एवं विद्वानों के प्रति गहरा सम्मान था।"[1] उनके जीवनी-लेखकों ने एक घटना दर्ज की है कि एक बार उसने एक मुसलमान कातिब से उसके द्वारा तैयार की गयी क़ुर्आन की प्रति दस हज़ार रुपये में खरीदी थी। इस प्रति को तैयार करने में कातिब ने दस वर्ष श्रम किया था। भारत के मुसलमान राजाओं से उचित पारिश्रमिक प्राप्त न होने के कारण निराश कातिब अपना भाग्य आज़माने के लिए यह सोचकर लाहौर चला गया था कि शायद रणजीत सिंह उसके श्रम का पारितोषिक दे दे।[2]

रणजीत सिंह की एक अन्य जीवनी में उल्लेख है कि महाराजा ने उस कवि को अच्छी-बड़ी धनराशि इनाम में दी थी, जिसने अपनी एक कविता में उसकी एकमात्र आँख को न्याय की एक आँख कहकर सराहा था।[3] इसी जीवनी से यह भी विदित होता है कि जिस प्रकार उसने हिन्दू पुराणों, रामायण, श्रीमद्भगवद्गीता आदि के अनुवाद-कार्य को प्रोत्साहित किया था, उसी प्रकार उसने इस्लामी साहित्य के अनुवाद को भी प्रश्रय दिया था। उसने पंजाबी के मुसलमान कवि हाशिम को जागीर प्रदान की थी और कवि शाह मुहम्मद को सम्मानित किया था। प्रसिद्ध पंजाबी कवि फ़ाज़िल शाह ने महाराजा की प्रेरणा से ही सोहनी-महीवाल की रचना करके उसे मंचित किया था। लाहौर के शाह हुसैन ने अकेले 'सोहनी-महीवाल' के पचास किस्सों की चर्चा की है, जो रणजीत सिंह-काल में लिखे गये थे।[4] के. के. खुल्लर का कहना है कि इस काल में सोहनी-महीवाल, हीर-राँझा, मिर्ज़ा-साहिबाँ, सस्सी-पुन्नू आदि सभी प्रेमाख्यान महाराजा की प्रेरणा के फलस्वरूप ही रचे गये थे।[5]

पंजाबी कविता के प्रति रणजीत सिंह का प्रेम मात्र मनोरंजन तक सीमित नहीं था बल्कि वे अपनी मातृभाषा को सच्चे मन से प्यार करते थे। सन् 1830 में उन्होंने

यह इच्छा प्रकट की थी कि किसी अंग्रेज़ मिशनरी को उनके एकान्त में प्रस्तुत किया जाए ताकि वे उससे ईसाई धर्म के सिद्धान्तों के विषय में जानकारी प्राप्त कर सकें। उनकी यह जिज्ञासा ऐसी प्रबल थी कि उन्होंने मिशनरी से प्रार्थना की कि वह उनको अपनी धार्मिक पुस्तकें लाकर दे। कुछ समय बाद उन्होंने जॉन. सी. लौरी से भेंट की और उसे राज्य की भावी शिक्षा-नीति के बारे में बताकर उससे आग्रह किया कि वह इस नीति को अपनी देख-रेख में क्रियान्वित करे।[6] जान. सी. लौरी एक अमरीकी मिशनरी था, जो 'पश्चिमी विदेशी मिशनरी सोसाइटी' की ओर से ईसाई मिशन की स्थापना के लिए लाहौर आया था। उसके आगमन का एक शुभ परिणाम यह हुआ कि लाहौर में गुरुमुखी छापाखाना स्थापित हो गया। यही वह काष्ठ मुद्रणालय था जहाँ पंजाबी का प्रथम शब्दकोश और प्रथम व्याकरण मुद्रित हुआ था।[7]

रणजीत सिंह-काल के अन्तिम वर्षों में बढ़ी सैनिक कार्यवाहियों ने भी पंजाबी बोली को भाषा के पद पर पहुँचाने की दिशा में योगदान दिया। मिशनरी गतिविधियों ने न केवल डब्ल्यू. केरी से पंजाबी व्याकरण ही तैयार कराया बल्कि कैप्टन सिड्डन से 'विचित्र नाटक' का अंग्रेज़ी अनुवाद भी करा दिया। पंजाबी भाषा की उन्नति में रणजीत सिंह-काल की एक देन यह है कि इस दौरान पंजाबी को अरबी-फ़ारसी का एक बड़ा शब्द-भण्डार प्राप्त हुआ। ये पराये शब्द शीघ्र ही पंजाबी में रच-बस गये और पंजाबी संस्कृत और ब्रज के चिरकालीन गहन प्रभाव से मुक्त होने लगी। परिणामस्वरूप एक भाषा के रूप में पंजाबी को अपनी अलग पहचान स्थापित करने का अवसर प्राप्त हुआ।

इस काल की एक अन्य देन यह है कि इसके दौरान पंजाबी की बोली से भाषा की ओर की यात्रा में गति आयी। जनसाधारण की पंजाबी शब्दावली ने साहित्य के प्रासाद में पदार्पण किया और यथोचित स्थान प्राप्त किया। इसी काल में लाहौर-अमृतसर की बोलचाल की पंजाबी केन्द्रीय भाषा के रूप में उभरी। बोलचाल की भाषा में 'सिंहाँ दे बोले' कही जाने वाली सैनिक पंजाबी के अनेक शब्दों का समावेश भी इसी युग में हुआ। इसी काल में बाइबल का पंजाबी अनुवाद प्रकाशित हुआ (सन् 1811) तथा मिशनरियों ने लुधियाना में पंजाबी मुद्रणालय (सन् 1837) स्थापित किया। मिशनरियों ने अपना धार्मिक साहित्य प्रकाशित करने के साथ-साथ पंजाबी के व्याकरण और शब्दकोश भी प्रकाशित किए।

रणजीत सिंह का राज्य स्थापित होने पर दीर्घकाल से अशान्ति और असुरक्षा का संताप झेल रहे पंजाबियों को सुख की साँस मिली। पंजाब का माहौल ठीक हुआ और पंजाबियों का रूठा हुआ अलबेलापन लौट आया। इसी के फलस्वरूप इस काल में ढेरों प्रेमाख्यान रचे जा सके। साहित्य के क्षेत्र में, इस काल के दौरान, पंजाबियत का खुला प्रदर्शन हुआ। इससे एक नयी सोच ने जन्म लिया, जिसके परिणामस्वरूप पंजाबी कवि धर्म, जाति-पाँति तथा साम्प्रदायिकता की दलदल से उबरकर

सर्वधर्म समभाव की ओर बढ़े। एक ओर जहाँ मुसलमान पंजाबी कवियों ने वैष्णवों की शैली में कृष्ण भक्ति- साहित्य की रचना की, वहीं दूसरी ओर हिन्दू कवियों ने इस्लामी शब्दावली तथा इस्लामी सभ्यता को अपनी रचना-शैली में समाहित किया। डॉ. मोहन सिंह दीवाना इस काल की राजनीतिक, सामाजिक, धार्मिक एवं साहित्यिक गतिविधियों का निष्कर्ष निकालते हुए लिखते हैं कि, "सिखों की आपसी लड़ाइयों और अंग्रेज़ों के साथ लड़ाइयों ने पंजाबी कविता को सशक्त विषय-वस्तु प्रदान की है।"[8] डॉ. दीवाना इस काल में बढ़ी निर्मले साधुओं की साहित्यिक गतिविधियों को भी रणजीत सिंह-काल में व्याप्त शान्ति एवं समृद्धि का परिणाम ही मानते हैं।[9]

अलबत्ता इस काल में गद्य-रचना को कोई विशेष उन्नति प्राप्त नहीं हुई। जो थोड़ा बहुत साहित्य गद्य में लिखा भी गया, उसमें भी पंजाबी का अपना भाषायी चेहरा अरबी-फ़ारसी के शब्द-बाहुल्य रूपी आवरण में छिपा पड़ा है। उर्दू-फ़ारसी-अरबी का प्रभाव तो पंजाबी कविता पर भी प्रचुर मात्रा में पड़ा, लेकिन कविता ने अपनी भाषायी पहचान नहीं खोई थी। पंजाबी गद्य इस पहचान को कायम नहीं रख पाया।

रणजीत सिंह-काल के पंजाबी साहित्य के सर्वेक्षणार्थ हम इसे चार भागों में विभक्त कर सकते हैं। प्रथम भाग आख्यानों का है, जिसमें हाशिम, अहमद यार और क़ादिर यार नामक तीन कवि प्रमुख रूप से उभरते हैं। हाशिम (1753-1823), जिसे बिना किसी ठोस प्रमाण के रणजीत सिंह का दरबारी कवि कहा गया है, सस्सी-पुन्नू, शीरीं-फ़रहाद, सोहनी-महीवाल तथा हीर-राँझा जैसे प्रेमाख्यानों के रचयिता के रूप में प्रस्तुत होता है। इसके अलावा वह दोहे और ड्योढ़े भी लिखता है। उसके प्रेमाख्यानों में आध्यात्मिकता की झलक दिखाई पड़ती है। 'दवैया' छन्द के प्रयोग में वह अपनी काव्य-कुशलता का परिचय देता है। इस खण्ड का दूसरा कवि अहमद यार (1768-1845) है, जो हीर-राँझा, सोहनी-महीवाल, लैला-मजनूँ, राज बीबी, कामरूप, हातिमताई, यूसुफ़-ज़ुलैखा तथा सस्सी-पुन्नू सहित पैंतीस आख्यानों का रचयिता है। अहमद यार की रचनाधर्मिता का प्रेरणास्रोत पारितोषिक या प्रतिफल-प्राप्ति होता है। अपने किस्से 'हातिमनामा' में वह स्वीकार करता है कि इसकी रचना उसने रणजीत सिंह से पारितोषिक-प्राप्ति की इच्छा से की थी।[10] क़ादिर यार (जन्म 1805) भी अहमद यार की तरह ही प्रतिफल को ही साहित्य-रचना का आधार बनाता है। इस बात को वह अपने किस्से 'पूरन भगत' में बेझिझक कह भी डालता है।[11] क़ादिर यार द्वारा रचित चार आख्यानों (पूरन भगत, हरि सिंह नलवा, राजा रसालू तथा सोहनी-महीवाल) में से 'पूरन भगत' साहित्यिक दृष्टि से एक बेहतर रचना है। इसका कारण कथानक की जन-स्वीकृति तथा कवि के हाथों हुआ इसका अच्छा निर्वाह है। आख्यान के क्षेत्र में पदार्पण से पूर्व क़ादिर यार ने इस्लामी जीवन-दर्शन की श्रेष्ठता सिद्ध करने के उद्देश्य से 'मेराजनामा' की रचना की थी। लगता है कि इस्लामी साहित्य के लिए मुसलमान सामन्तों की अनुदारता को देखते हुए वह आख्यान-रचना

की ओर आकर्षित हुआ था। इसी परम्परा का एक अन्य कवि इमाम बख़्श (जन्म 1778) है, जो रणजीत सिंह-काल के अन्तिम वर्षों में साहित्य के क्षेत्र में उदित होता है। यह भी आख्यान का कवि है। इसके आख्यानों—लैला-मजनूँ, चन्द्रबदन, शाह बहराम, बदी-उज्-जमाल, इब्राहीम अहमद बल्ख़ी तथा मलिकज़ादा शाहपरी—में से शाह बहराम एक उत्कृष्ट आख्यान प्रतीत होता है।

दूसरा भाग वीर रस तथा देशभक्ति की कविता पर आधारित है, जिसमें राष्ट्रीयता के पक्षधर एवं वीररसात्मक कविता की रचना में निमग्न कवियों में भाई कान्ह सिंह बंगा, शाह मुहम्मद, मटक तथा निहाल सिंह प्रमुख हस्ताक्षर हैं। इस दृष्टि से देखा जाए तो शाह मुहम्मद का कद अपने समकालीन कवियों की अपेक्षा काफी ऊँचा है। उसकी प्रसिद्ध रचना 'अंग्रेज़ाँ ते सिखाँ दी लड़ाई' में रणजीत सिंह के निधनोपरान्त के पंजाब का दुखान्त बहुत करुणापूर्ण ढंग से चित्रित किया गया है। पाठक के लिए यह आवश्यक नहीं है कि वह कवि के सारा दोष महारानी जिन्दाँ के सिर मँढने के निर्णय के साथ सहमत हो लेकिन वह इस त्रासदी के न्यायपूर्ण वर्णन तथा कवि की देश-प्रेम की भावना की उपेक्षा किसी प्रकार भी नहीं कर सकता। क़ादिर यार की 'वार हरि सिंह नलवा' में भी देश-भक्ति का स्वर स्पष्ट सुनाई देता है लेकिन यह रचना शाह मुहम्मद की उपरियुक्त रचना की तुलना में बहुत हल्की दिखाई देती है। कारण यह कि क़ादिर यार ने इतिहास-चित्रण के विषय में सावधानी से काम नहीं लिया है और रचना को प्रशस्ति गान बना डाला है। इसके विपरीत मटक की कविता में राष्ट्रीयता की भावना कहीं अधिक मुखर है। जाफ़र बेग की कविता यद्यपि साहित्यिक दृष्टि से महत्त्वपूर्ण नहीं है लेकिन उसकी चर्चा इसलिए यहाँ ज़रूरी है कि उसने 'बैताँ रणजीत सिंह दियाँ' की रचना की है।

तीसरे भाग में धार्मिक कविता आती है, जिसमें वेदान्त, सिख तथा सूफ़ी रंग प्रमुख हैं। निर्मले साधुओं की रचना वेदान्त-दर्शन पर आधारित है। डॉ. दीवाना निश्चलदास के 'विचार सागर' और हरिदयाल के 'सरुक्तावली' को पंजाबी की वेदान्ती कविता के उत्कृष्ट नमूने मानते हैं।[12] भाई सन्तोख सिंह के 'गुरु प्रताप सूरज' तथा 'नानक प्रकाश' कवि की सिख-इतिहास की गहरी जानकारी और सिख-दर्शन पर उसकी मज़बूत पकड़ के द्योतक हैं। ग़ुलाम जीलानी तथा नूर मुहम्मद जैसे सूफ़ी कवि पंजाबी सूफ़ी कविता की समृद्ध परम्परा को जारी रखने में सहायक होते हैं।

चौथा तथा अन्तिम भाग गद्य-रचना का है, जिसमें अनुवाद-कार्य भी शामिल है। अनुवाद के क्षेत्र में, इस काल में किए गये, बाइबल, आईने-अकबरी, अकबरनामा तथा आत्म पुराण के पंजाबी अनुवाद महत्त्वपूर्ण हैं। भाई सन्तोख सिंह की जपुजी साहिब की व्याख्या इस भाग में चर्चायोग्य एक अन्य महत्त्वपूर्ण रचना है। किशोर दास के 'गीता महात्म्य' को भी इस काल की गद्य-रचना के उदाहरण के तौर पर लिया जा सकता है।

कुल मिलाकर हम देखते हैं कि यद्यपि रणजीत सिंह के काल में एक भी ऐसा कवि या गद्य लेखक उपलब्ध नहीं है, जिसे उसके पहले के महान् साहित्यकारों के समकक्ष स्थान दिया जा सके लेकिन तब भी इस काल में साहित्यकारों को वह सुखद वातावरण तथा आर्थिक प्रोत्साहन अवश्य प्राप्त रहा, जिसके फलस्वरूप उनके बहुमुखी विकास के आयाम प्रशस्त हो गये थे। संक्षेप में इस काल की साहित्यिक प्राप्तियाँ हैं—पंजाबी ने बोली से भाषा में रूपान्तरित होने की दिशा में कदम बढ़ाया, अनुवाद-कार्य के द्वारा पंजाबी के साहित्य-भण्डार में वृद्धि हुई, राष्ट्रीयता के प्रतीकस्वरूप पंजाबियत का उदय हुआ और ढेरों-ढेरों आख्यानों की रचना हुई।

सन्दर्भ

1. एस. एम. लतीफ़: महाराजा रणजीत सिंह—पंजाब्स मैन ऑफ़ हिस्टरी, पृ॰ 166
2. वही: भूमिका, पृ॰ 8
3. के.के. खुल्लर: महाराजा रणजीत सिंह, पृ॰ 190
4. वही: वही, पृ॰ 184-85
5. वही: वही, पृ॰ 195
6. एस.एम. लतीफ़: उपरियुक्त, पृ॰ 179
7. के.के. खुल्लर: महाराजा रणजीत सिंह, पृ॰ 188
8. मोहन सिंह दीवाना: ए हिस्टरी ऑफ़ पंजाबी लिट्रेचर, पृ॰ 68-70
9. वही: वही, पृ॰ 68-70
10. असाँ इनाम मंगन दी ख़ातिर तोहफा इक बनाया।
    मजलिस माशूकाँ दी बनया राजियाँ बादशाहाँ दा।
    —अहमद यार
11. पूरन भगत की गल्ल सुनाय के जी,
    इक खूह इनाम लिखाया मैं।
    —क़ादिर यार
12. मोहन सिंह दीवाना: ए हिस्टरी ऑफ़ पंजाबी लिट्रेचर, पृ॰ 74

भाई वीर सिंह का काव्य-जगत्

भाई वीर सिंह रचित पंजाबी-काव्य एक ऐसे सघन वृक्ष के समान है, जिसकी शाखें और पत्ते खुले आकाश में विचरण कर रही स्रष्टा की ब्रह्म-ऊर्जा के स्पर्श से प्रतिपल रोमांचित होते हुए प्रतीत होते हैं और जिसकी जड़ें भारतीय साहित्य-परम्परा की उर्वरा भूमि में हैं। काव्य-वृक्ष के लिए भाई वीर सिंह ने यह धरती उस महान् संग्रह में से प्राप्त की है, जिसे भारतीय सन्त-साहित्य के नवनीत की संज्ञा दी जा सकती है। गुरुओं एवं सन्तों की वाणी का यह संग्रह जीवन और जगत्, सृष्टि और स्रष्टा, आत्मा और परमात्मा, धरती और आकाश, प्रकृति और जीव के पारस्परिक सम्बन्धों के बहु-आयामी गवाक्षों में से आ रहे, श्रावण मास की प्रथम वर्षा से भीगे, वायु के उस झोंके के समान है, जो हमारे अन्तर्मन में उतरने में सक्षम है तथा जिसमें पृथ्वी की ममतामयी सुगंध भरी हुई है। मातृ-क्रोड तथा गोलोक उस रस्सी के दो सिरे हैं, जिसके ऊपर नाशवान् सांसारिक प्राणी थोड़ी-थोड़ी देर नाचकर लोप हो जाते हैं। यह रस्सी (माया), यह नृत्य (कर्म), यह नर्तक (जीव) अर्थात् यह दृष्यमान जगत् अन्तिम सत्य नहीं है बल्कि इस रस्सी पर थिरकते पैर कई बार इस प्रकार एक सिरे से दूसरे सिरे पर जा पहुँचते हैं कि फिर कभी लौटकर इधर नहीं आते। ज्योति ज्योति में विलीन हो जाती है और नृत्य की सारी लीला ही समाप्त हो जाती है। कबीर के शब्दों में 'फूटा कुम्भ जल जलहिं समाना' हो जाता है।

भाई वीर सिंह की कविता-यात्रा माया की अदृश्य रस्सी पर नाच रहे जीवों के अभिनय से आरम्भ होती है। ये बेचारे जीव पानी की लहरों की तरह दिन भर नाचते रहते हैं और आखिर थक-हारकर रात्रि की चुप्पी में उतर निद्रा-सागर में डूब जाते हैं। अगली सवेरे जागने पर वही मायावी नृत्य उनकी नियति होता है। प्राकृतिक प्रतीकों में से गूढ़ार्थ ग्रहण करने में सक्षम कवि भाई वीर सिंह के शब्दों में—

दिन भर रहीं नाचती लहरें
नाच-नाच अब थक-टूटी हैं।[1]

प्रीत वीणा

माया में भ्रमित व्यक्ति की आत्मा की यात्रा का यह प्रथम चरण है। युगों-युगों

से कवियों की मनीषा इस प्रथम चरण में से प्रश्नात्मक बिन्दु पकड़ती रही है और यह धरती क्या है, आकाश क्या है, सूर्य-चन्द्रमा क्या हैं, प्रकृति क्या है, शरीर क्या है, आत्मा क्या है, प्रकृति का समस्त तानाबाना अपने किसी आन्तरिक विधान द्वारा ही परिचालित है या उसके पीछे कोई अदृश्य शक्ति कार्यरत है, जो अद्भुत निपुणता के साथ इसे चला रही है? ये अनुत्तरित कालजयी प्रश्न ऐसे प्रश्न हैं जो प्रत्येक अध्यात्म-रसिया जिज्ञासु को आन्दोलित करते रहते हैं। भाई वीर सिंह के पास 'गुरुवाणी' की बहुमूल्य धरोहर मौजूद है लेकिन वे गुरुवाणी-निर्दिष्ट मार्ग पर चलते हुए भी स्वानुभूत सत्यों को पकड़ना चाहते हैं। परिणामस्वरूप उनके काव्य में ऐसे प्रश्न उभर आते हैं कि आकाश से पृथ्वी पर आने वाले हम कितने लोग थे? इनमें से अनेक कहाँ लुप्त हो गये हैं? (कोई हरया बूट रह्यो री) प्रकृति-सौंदर्य में उस अदृश्य प्रभु के नूर की झलक विद्यमान है या यह अपनी ही सुन्दरता से लावण्यमयी हो रही है? (फ़राज़मुर्ज़ दी विलकणी) यदि आनन्द का एकमात्र स्रोत वह सच्चिदानन्द ही है तो वह स्वयं को छिपाकर क्यों रखता है? (अनडिट्ठा रसदाता) और यह सपाट-सा प्रश्न कि–

क्या है औ' यह सब कुछ क्या है
बुना हुआ ताना-बाना?
मुझे विदित है मैं जीवित हूँ
लेकिन क्या वस्तु है जीवन
क्या है इसका भोग?
जीवन की है

जागृत मन में यही जिज्ञासा साधना का प्रथम चरण बनती है। अपनी इस ज्ञान-पिपासा को शान्त करने के प्रयास में लगा साधक उस सत्य को जा पहुँचता है कि इस चराचर में गतिमान् शक्ति वही परम अदृश्य शक्ति है, जिसका अंश आत्मा के रूप में हम सबके भीतर विद्यमान है। परन्तु क्योंकि अंश अंश ही होता है, सम्पूर्ण इकाई नहीं होता, इसलिए अंश की सीमाओं को भी स्वीकार करना होता है। अंश की सबसे बड़ी सीमा नेत्रों की है। इस पंचभूता शरीर की मांसल आँखों से उस अदृश्य-अगोचर को नहीं देखा जा सकता। इसके लिए चिरकाल से बन्द पड़े भीतर के नेत्र का उन्मीलन आवश्यक है। जब तक भीतर की बन्द आँख नहीं खुलती तब तक वह अदृश्य शक्ति नूर ही नूर है, जो कभी हाथ नहीं आता और जिसका दर्शन सपना ही प्रतीत होता रहता है–

स्वप्न में हमको मिले तुम
भागकर हमने लिया बाहों में भर
पर तुम तो केवल नूर थे क्या हाथ आते
रह गयी अपनी कलाई काँपती ही।

कंबदी कलाई

अध्यात्म-साधना की दृष्टि से यहाँ दो बातें बहुत महत्त्वपूर्ण हैं। पहली यह अनुभूति कि परमात्मा केवलमात्र प्रकाश है, नूर है और दूसरी यह कि उसे प्रत्यक्षतः प्राप्त नहीं किया जा सकता। यहाँ कलाई का काँपते रहना कवि की निराशा का प्रतीक नहीं है बल्कि प्रियतम के स्पर्शानुभव को अपने अन्तर्मन में उतारकर निरन्तर रोमांचित होते रहने की आकांक्षा का प्रतीक है। भावगम्य प्रियतम के स्पर्श का स्पन्दन भीतर उतरते ही इस नाशवान् शरीर के रोम-रोम से उसके नूर की आभा झलकने लगती है और आन्तरिक नेत्र प्रतिपल उसी का जल्वा देखने लगता है।

क्योंकि प्रभु केवल भाव द्वारा गम्य है, क्योंकि वह सर्वत्र व्याप्त होते हुए भी कहीं निवास नहीं कर रहा है, क्योंकि उसे नेत्रों द्वारा देखा नहीं जा सकता, क्योंकि हाथों द्वारा उसका स्पर्श सम्भव नहीं है, इसलिए साधक का लक्ष्य भी अदृश्य पड़ा रहता है। अदृश्य को दृश्य बनाने की कवि की उत्कण्ठा कभी उसे गुरुवाणी के माध्यम से विशाल भारतीय सन्त-साहित्य के सागर-तट पर ले जाती है तो कभी वह पास ही बह रहे सूफ़ीमत के निर्मल निर्झर पर जा बैठता है। सूफ़ियों की तीव्र विरहानुभूति कवि के अन्तरतम तक पहुँचकर जहाँ एक ओर उसे स्वयं को 'मजबूरे-महज़' मानकर यह समझने पर विवश करती है कि "लाई हयात आये, क़ज़ा ले चली, चले" तो इस विचारधारा की प्रतिध्वनि उसकी कविता में इस प्रकार गूँज उठती है कि–

यहाँ-वहाँ भेजे बुलवाए आप वही सर्वेश।
खेल खिलाये परमपिता, हूँ अमर खेल मैं उसका।

कमल गोदी विच त्रेल मोती

वहाँ दूसरी ओर उसकी आत्मा, किसी लौकिक वियोगिन की भाँति, प्रियतम के विरह से बेधित, समस्त भौतिक रसों से उदासीन होकर उसकी प्राप्ति को ही जीवन का एकमात्र लक्ष्य बना लेती है। भाई वीर सिंह के काव्य-जगत् में यह विरहदग्ध जीवात्मा कभी उनके महाकाव्य 'राणा सूरत सिंह' में राज कौर बनकर प्रकट होती है तो कभी उनकी कविता 'पुष्पावती चन्द्रावत' में चन्द्रावत की पुष्पावती बनकर सामने आती है। अपने मूल से बिछुड़ी हुई यही विरहदग्ध आत्मा सूफ़ियों के लौकिक प्रेम के माध्यम से अलौकिक प्रेम की सुगंधि बिखेरती हुई भाई वीर सिंह की कविताओं में स्थान-स्थान पर दिखाई देती है। इसका एक सुन्दर उदाहरण उनकी 'ढोला रुस्स के न जा' शीर्षक कविता है।

सूफ़ी-साधकों ने सदा ही इल्म (ज्ञान) की अपेक्षा अमल (साधना) को महत्त्व दिया है। सूफ़ी-साधकों का विश्वास है कि इल्म अमल के रास्ते की सबसे बड़ी रुकावट है क्योंकि ज्ञान तर्क का जन्मदाता है और साधना को तर्क की कसौटी पर नहीं कसा जा सकता। इसे थोड़ा और स्पष्ट कर दें। अदृश्य-निराकार प्रभु के साथ संवाद रचाने में भौतिक साधन सहायक नहीं बन सकते क्योंकि ये सब मानव द्वारा

बनाए गये साधन हैं। उदाहरणार्थ शब्द मनुष्य के बनाए हुए हैं जबकि ध्वनि उसकी रचना नहीं है। हम बोलने वाले किसी भी व्यक्ति को कोई भी भाषा सिखा सकते हैं लेकिन हम गूँगे को बोलना नहीं सिखा सकते क्योंकि उसके पास ईश-प्रदत्त वाणी नहीं है। अतः मानव द्वारा निर्मित शब्दों के माध्यम से अर्जित ज्ञान यहाँ अर्थहीन हो जाता है। साधना के बीच में ज्ञान के घुस आने से एक बड़ी समस्या यह पैदा हो जाती है कि ज्ञान मन की समस्त अनुभूतियों को तर्क की कसौटी पर खरा उतरते देखना चाहता है, जिसके अभाव में वह अनुभूतियों को भ्रम, धोखा, छलना, आत्म-व्यंजना, आत्म-प्रपंच आदि कहकर नकार देता है। अतः जब साधक इल्म से नाता तोड़कर, ज्ञान से पिण्ड छुड़ाकर, सात्विक ऊर्जा को वाहन बनाकर सत्य के मार्ग पर अग्रसर होता है, तब दिव्य प्रकाश (नूरे-इलाही) उसका मार्ग-दर्शन करता है। भाई वीर सिंह की 'इल्म अमल' शीर्षक रचना इस रहस्य को खोलने में काफी सफल रही है–

ले सिर का किश्कोल हाथ में
द्वार-द्वार मैं घूमा।
दर-दर माँग के टुकड़े खाए
ठोंस-ठोंस किश्कोल भरा।
भरा देख अभिमान जगा
जैसे मैं हो गया ज्ञानी।
पैर न टिकते थे धरती पर
चला मैं ज्यों अभिमानी।
एक दिवस किश्कोल रख दिया
मैंने गुरु के आगे।
जूठन चुनते-चुनते उसने
कर दिया सारा खाली।
फिर मल-मलकर धोया उसको
इल्म की मैल उतारी।
चमक उठा किश्कोल देखिए
खिला कमल की नाईं।।

अध्यात्म-साधना में यह अवस्था बहुत परिश्रम के बाद प्राप्त होती है कि शरीर अपना संसार-धर्म निभाता रहे और आत्मा प्रतिपल प्रिय की छवि निहारती रहे। जल के भीतर खिले कमल पुष्प के समान संसार में रहते हुए भी संसार से निर्लिप्त रहने की अवस्था को प्राप्त होना सरल नहीं है लेकिन यहाँ पहुँचे बिना उस तार को फिर से जोड़ना सम्भव नहीं है, जो कर्मों के भार से दबकर टूट गया था। इसलिए भाई वीर सिंह लौकिक तथा अलौकिक प्रेम का अन्तर भी स्पष्ट कर देते हैं और 'दोनों तरफ हो आग बराबर लगी हुई' के दर्शन को भी सरल ढंग से प्रस्तुत कर देते हैं–

मन की पकड़ से मुक्ति मिलेगी
जब ऊँचे को पकड़ें।
वह खींचे हम उचकें उभरें
थाम सुदृढ़ हाथों से।
उच्ची मति

सृष्टि के कण-कण में उसकी विद्यमानता को अनुभव करने वाला साधक अन्ततः सहज रूप से ही प्रत्येक वस्तु में उसका जल्वा देखने लगता है तो उसे यह सहजता आनन्दित करने लगती है। यह अवस्था बहुत श्रमसाध्य नहीं है लेकिन कठिनाई भी यही है कि सरल कार्य करना लोगों को कठिन दिखाई देता है। ग़ालिब इसे 'दुश्वार तो यही है कि दुश्वार भी नहीं' कहकर वर्णित करते हैं लेकिन जब कोई व्यक्ति इस अवस्था को प्राप्त कर लेता है तब उसे उन तथाकथित ज्ञानी-पण्डितों पर विस्मय होता है, जो इतना ज्ञान एकत्र करके भी उस परम प्रिय के अदृश्य होने की बात करते हैं। उसे आश्चर्य होता है कि ये ज्ञानी लोग यह दावा कैसे कर रहे हैं कि परमात्मा को देखा नहीं जा सकता, केवल अनुभव किया जा सकता है। इसी मनोदशा के क्षणों में कभी ग़ालिब ने कहा था—

क़तरा में दज्ला दिखाई न दे और जुज़्व में कुल,
खेल लड़कों का हुआ दीदा-ए-बीना न हुआ।

(उनकी दृष्टि दृष्टि नहीं है, बच्चों का खेल है जिनको बूँद में नदी और अंश में सम्पूर्ण दिखाई नहीं देता)

अपने अन्दाज़ से भाई वीर सिंह इसी मनोदशा में प्रश्न करते हैं कि—

वे कौन हैं जो कहते हैं
प्रियतम की पहचान असंभव है?
वडमुल्ली दात

परम प्रिय के इस रूप को निरन्तर निहारते रहने की अभिलाषा भाई वीर सिंह के कवि मन को प्रकृति का अनुरागी बना देती है। प्रकृति-चित्रण भारतीय काव्य की चिरपुरातन परम्परा है। प्रकृति ने कवियों की अभिव्यंजना को शक्ति प्रदान की है और उनकी कल्पना-शक्ति को 'जहाँ न पहुँचे रवि' तक पहुँचने में भरपूर सहायता दी है। भाई वीर सिंह की कविता में भी प्रकृति अपने उन्मुक्त, अकलुष, अलौकिक रूप में प्रकट होती है। प्रकृति-वर्णन को माध्यम बनाकर भाई वीर सिंह ने उस सनातन रहस्य को समझने का गंभीर प्रयास किया है, जिसे पूर्णरूपेण समझ पाने में मानव-मनीषा कभी सफल नहीं हो पायी है। अपने इस प्रयास में कवि वीर सिंह कभी भक्ति-साहित्य के गहरे सागर में उतरते हैं और कभी सूफ़ी-दर्शन की सीपियाँ एकत्र करके मोती खोजने में तल्लीन दिखाई देते हैं।

सिखमत और सूफ़ीमत

सिखमत और सूफ़ीमत के पारस्परिक संबंध पर प्रकाश डालने के लिए मैं अपनी बात एक शे'र से शुरू करता हूँ। यह शे'र उस शायर का है, जिसने अपने बारे में कहा था "मन ब्राह्मणज़ादा रम्ज़-आशना-ए-रूमी-ओ तबरेज़ अस्त"। (मैं ब्राह्मणों की संतान हूँ तथा रूमी एवं तबरेज़ के गूढ़ ज्ञान से परिचित हूँ)। वेदों-उपनिषदों के संस्कार को संजोकर सूफ़ीमत के व्याख्याता बने डॉ. इक़बाल ने गुरु नानक के विषय में कहा था:

फिर उठी आख़िर सदा तौहीद की पंजाब से।
हिंद को इक मर्दे-कामिल ने जगाया ख़्वाब से।।

इस शे'र में तीन महत्त्वपूर्ण संकेत निहित हैं। पहला संकेत शे'र के प्रथम शब्द 'फिर' में निहित है कि भारत सदा से ही तौहीद अर्थात "एको ब्रह्म द्वितीया नास्ति" में विश्वास करता रहा है लेकिन गुरु नानक के समय तक आते-आते यह देश कर्मकाण्ड के चक्कर में पड़कर तौहीद के दर्शन को भूल चुका था और ब्राह्मणवाद द्वारा दिखाए जा रहे लोक-परलोक के सपनों में गुम हो गया था। समाज का मिथ्या स्वप्न में मग्न होना दूसरा संकेत है। तीसरा संकेत यह है कि एक मर्दे-कामिल (सम्पूर्ण मनुष्य) ने निद्रामग्न भारतीय समाज को जगाया। वह मर्दे-कामिल थे गुरु नानक।

मैं समझता हूँ कि डॉ. इक़बाल ने यदि गुरु नानक पर कविता न भी लिखी होती तो इससे न तो गुरु नानक की महानता पर कोई प्रभाव पड़ना था और न इक़बाल की प्रतिष्ठा कम हो जानी थी लेकिन 'शाहीन' की कल्पना के माध्यम से इक़बाल को जिस संपूर्ण मनुष्य की तलाश थी, वह इतिहास के पन्नों में तथा जन साधारण के दिलों में उपलब्ध था तो इक़बाल उसकी उपेक्षा कैसे कर सकते थे।

सूफ़ीमत और सिखमत का आपसी संबंध तो इसी बात से स्पष्ट हो जाता है कि गुरु नानक स्वयं चलकर पाक पटन गये और बाबा फ़रीद की दरगाह के बारहवें ख़लीफा शेख़ इब्राहीम से बाबा की वाणी लेकर आये, जिसे गुरु अर्जुन देव ने सिखों के धर्मग्रंथ 'गुरू ग्रंथ साहिब' में सम्मिलित किया। पीर बुड्ढ़ण शाह और गुरु नानक देव की मुलाकातें भी इस संबंध की प्रगाढ़ता को दर्शाती हैं।

सूफ़ी संतों और गुरुओं का प्रेम संबंध उस समय उत्कर्ष का परिचायक बन गया, जब हज़रत मीराँ भीख ने उस दिन, पश्चिम मुख होकर नमाज़ अदा करने की परंपरा से पलायन करके पश्चिम मुख होकर नमाज़ अदा की, जिस दिन पटना में गुरु गोविंद सिंह का जन्म हुआ था। विस्मित-चक्रित शिष्यों के पूछने पर कि उन्होंने ऐसा क्यों किया, हज़रत ने कहा, "आज पूर्व में नूरे-इलाही का जन्म हुआ है।"

अगले दिन हज़रत मीराँ भीख अपने कतिपय शिष्यों के साथ लेकर पटना की ओर चल दिए। पदयात्रा करती हुई फकीरों की यह टोली जब पटना पहुँची तो बालगुरु इक्कीस दिन के हो गये थे। हज़रत ने बालगुरु के दर्शन करने चाहे परंतु उस समय की प्रथा के अनुसार चालीस दिन तक नवजात को प्रसूतिगृह के बाहर नहीं लाया जाता था। फकीरों का उत्साह, प्रेम तथा परिश्रम देखकर बालगुरु के मामा कृपालचंद से रहा न गया। प्रचलित प्रथा को नकारते हुए वे बालगुरु को बाहर ले आये। हज़रत मीराँ भीख ने दो कूज़े बालगुरु के सामने कर दिए। इनमें से एक कूज़े में पानी भरा था, दूसरे में दूध। हज़रत ने अपने शिष्यों को बता रखा था कि बालगुरु ने यदि पानी वाले कूज़े पर हाथ रखा तो वह बड़ा होकर मुसलमानों का पीर बनेगा और यदि दूध वाले कूज़े पर हाथ रखा तो वह हिंदुओं का गुरु बनेगा। बालगुरु ने अपने मामा की बाँहों में लेटे-लेटे ही एक साथ दोनों हाथों से दोनों कूज़ों को स्पर्श कर दिया। हज़रत मीराँ भीख गद्‌गद् हो गये। उन्होंने घोषणा की कि यह बालक बड़ा होकर 'साँझा पीर' बनेगा।

दोनों मतों की निकटता इस घटना में भी देखी जा सकती है कि जब गुरु गोविंद सिंह की सेना पहाड़ी राजाओं के विरुद्ध भंगानी के स्थान पर युद्धरत थी तो पीर बुद्धू शाह अपने 700 अनुयायियों, 2 भाइयों और 4 पुत्रों सहित उनकी सहायता के लिए युद्ध में सम्मिलित हुए थे। इस युद्ध में पीर के 2 बेटों, एक भाई तथा कई शिष्यों ने शहादत का जाम पीकर गुरुघर के प्रति श्रद्धा एवं स्नेह के धर्म का पालन किया था।

दोनों मतों का आपसी प्रेम उस समय अपनी पराकाष्ठा को जा पहुँचता है, जब सिखों के मक्का-मदीना 'हरिमंदिर साहिब' की नींव सूफ़ी संत हज़रत मियाँ मीर के हाथों रखी जाती है।

परस्पर संबंधों की गाथा से आगे चलें तो हमे दार्शनिक धरातल पर भी सूफ़ीमत तथा सिखमत में काफी समानता दिखाई देती है। कट्टरपंथियों द्वारा इस्लाम विरोधी कहे जाने पर फाँसियों के फंदे चूमने के बावजूद इस तथ्य से इंकार नहीं किया जा सकता कि सूफ़ी सच्चे मुसलमान थे। कलमे पर उनका ईमान था। कलमा इस्लाम की आधारशिला है। कलमे का पूर्वार्द्ध 'ला इलाह इल्लिल्लाह' है, जिसका अर्थ है 'नहीं, कोई ख़ुदा नहीं है सिवाय एक ख़ुदा के।' इधर गुरुवाणी परमात्मा के स्वरूप की व्याख्या 'एक ओंकार' कहकर करती है। गुरुवाणी का ब्रह्म कालातीत है, कर्त्ता

है, निर्भय है, निर्वैर है। सूफ़ियों का रब्बुल-इज़्ज़त भी 'ला-शरीक' है, उसकी प्रभुता में किसी अन्य शक्ति को दख़ल प्राप्त नहीं है। वह 'ला-ज़वाल' है, उसका अवसान असंभव है। वह 'ला-महदूद' है, उसकी प्रभुता की कोई सीमा नहीं है। वह 'आदि' है, उससे पूर्व न किसी वस्तु का अस्तित्व था, न उसकी इच्छा के बिना कोई वस्तु अस्तित्व प्राप्त कर सकती है। उसे किसी ने जन्म नहीं दिया, वह अजन्मा है। गुरुवाणी अनुसार :

एक ओंकार अवर नहीं दूजा।
नानक एक समाई।।

(हे नानक! जो एक की पूजा करते हैं और किसी दूसरे ख़ुदा को नहीं मानते वे उसी में समाहित हो जाते हैं।)

प्रभु के एकत्व पर अपना विश्वास दृढ़ किए बिना कोई व्यक्ति पूर्ण मनुष्य नहीं बन सकता क्योंकि इस विश्वास का अभाव अहंकार को जन्म देता है। जब तक व्यक्ति इस परम सत्य को अंगीकार नहीं करता तब तक उसे उस परम शक्ति के सर्वत्र व्याप्त होने, उसके सर्वशक्तिमान होने का निश्चय नहीं हो सकता। यह निश्चय होते ही उसकी समस्त भ्रांतियाँ निर्मूल हो जाती हैं और वह प्रभु का 'बंदा', प्रभु का 'दास' बन जाता है। जब 'एक ओंकार' का मूल मंत्र व्यक्ति के हृदय में बस जाता है, तब व्यक्ति अहंकार से मुक्त हो जाता है :

एको एक कहै सभु कोई हउमै गरब न व्यापै।
अंतर बाहर एक पछाणै इउ घरु महिलु सिंझापै।।

(स्वीकार तो सब करते हैं कि वह एक है परंतु अपने अहंकार में लिप्त रहते हैं। जो व्यक्ति भीतर-बाहर से उसको एक मानता है, उसे उसके परम धाम का पता मिल जाता है।)

गुरु नानक ने इस दार्शनिक बिंदु को बहुत सरल शब्दों में व्यक्त किया है :

हउमै नावै नालि विरोधु है
दुई न वसहु एक ठाय।

(अहंकार तथा नाम-स्मरण दो परस्पर विरोधी चीज़ें हैं। ये दोनों एक ही स्थान पर नहीं रह सकते।)

'अकाल स्तुति' में अहंकार से मुक्ति के लिए उसी प्रकार 'एक ओंकार' को मन में बसाने का उपदेश दिया गया है, जिस प्रकार सूफ़ी कलमे पर ईमान दृढ़ करने का उपदेश देते हैं।

यहाँ 'एक ओंकार' की दार्शनिक पृष्ठभूमि को समझ लेना उचित होगा। गुरु नानक ने 'ओंकार' से पूर्व 'एक' लिखकर सृष्टि के अस्तित्व को स्वीकार किया है। सिफ़र या ज़ीरो शून्य का प्रतीक है। इसलिए गुरु नानक ने 'शून्य' का प्रयोग न करके 'एक' का प्रयोग किया है। 'एक' भू का, अस्तित्व का प्रतीक है। इसका अर्थ

है कि गोचर-अगोचर सब उसी 'एक' का प्रसार है। स्वेच्छा से यहाँ न किसी वस्तु ने अस्तित्व प्राप्त किया है, न कर सकती है।

सूफ़ी-दर्शन में इस बिंदु को तीन आयामों के माध्यम से बयान किया गया है, जिसे 'फ़ल्सफ़ा-ए-जब्रो-क़द्र' कहा जाता है। सूफ़ी साधकों का पहला विश्वास यह है कि मनुष्य नितान्त असहाय जीव है। इस विश्वास को 'जब्र' कहते हैं और इसके मानने वाले 'जब्रिया' कहलाते हैं। दूसरी प्रकार की धारणा यह है कि प्रभु हम सबका और समस्त जड़-चेतन का स्रष्टा है परंतु अपने कर्मों के लिए हम स्वयं उत्तरदायी हैं। हम जो भी कर्म करते हैं, स्वयं करते हैं, प्रभु की रज़ा का इससे कोई संबंध नहीं है। इस धारणा को 'क़द्र' कहा जाता है और इसके मानने वालों को 'क़द्रिया।' तीसरी प्रकार की अवस्था यह है कि हमारे समस्त कर्मों का मालिक परमात्मा है परंतु अपने कर्मों का कारण हम स्वयं हैं। इसी आधार पर हम अपने कर्मों के लिए उत्तरदायी हैं। इस धारणा का नाम 'बैनुल-जब्रो-क़द्र' है।

गुरुवाणी में इन तीनों धारणाओं को अभिव्यक्ति प्राप्त हुई है।

नानक आपि कराए करे
आपि हुकम सवारण हारा।

(हे नानक! करने-कराने वाला वह स्वयं ही है जो अपने आदेश को क्रियाशील बना देता है।)

यह कहकर गुरुवाणी जब्रिया दृष्टिकोण के समरूप हो जाती है कि मनुष्य ऐसा असहाय जीव है, जिसके अपने हाथ में कुछ भी नहीं है। प्रभु की इच्छा के बिना यह साँस भी नहीं ले सकता। कोई कर्म, कोई हरकत उसके हाथ में नहीं है। सूफ़ियों की इसी मान्यता को मीर तक़ी 'मीर' ने इस प्रकार से बयान किया है कि :

नाहक़ हम मजबूरों पर ये तोहमत है मुख़्तारी की,
चाहे हैं सो आप करे हैं हमको अबस बदनाम किया।

यही रहस्य गुरु नानक देव ने बहुत पहले समझा दिया था कि :

जेही तू मति देई तेही को पावै।
तुध आपै भावै तिवै चलावै।

(प्रभु जैसी प्रेरणा देता है, मनुष्य की बुद्धि वैसी ही हो जाती है। वह जैसे चाहता है, कर्म करा लेता है।)

गुरुवाणी 'फ़ल्सफ़ा-ए-क़द्र' को भी अस्वीकार नहीं करती। "नानक करना जिनि किया सोई सार करेई" जैसे वचनों से स्पष्ट है कि पाप कर्मों की प्रेरणा प्रभु नहीं देता, पाप कर्म हम स्वयं करते हैं। पाप कर्मों का प्रेरक 'मोहमाया' है, जिसे सूफ़ियों ने 'शैतान' कहा है और जिसके त्याग का उपदेश सूफ़ी भी देते हैं और सिख गुरु भी।

गुरुवाणी 'बैनुल-जब्रो-क़द्र' के सिद्धांत से भी इंकार नहीं करती। गुरु नानक

कहते हैं :

आपि कराए आपि हउ कै सिउ करी पुकार।
आपि लेखा मंगसी आपे कराए कार।।
जो तिसहि भावै सोई थीये हुकमु करे गावार.।
आपि छुडाए छुट्टिये आपे बख्शनहार।।

(प्रभु ही है जो कर्म कराता है और फिर स्वयं ही हमसे कर्मों का हिसाब माँगता है। होता वही है जो वह चाहता है परंतु मनुष्य अपनी बुद्धि के घोड़े दौड़ाता रहता है। वह क्षमाशील भी है। वह मुक्ति देना चाहे, तभी मुक्ति संभव है।)

गुरु नानक से लेकर गुरु गोविंद सिंह तक गुरुओं का जो प्रेम संबंध सूफ़ी संतों के साथ रहा है और उनके बीच जो संवाद निरंतर चलता रहा है, उसके प्रकाश में देखें तो हमें गुरुवाणी में सूफ़ियों की शब्दावली भी दिखाई देती है और कतिपय इस्लामी मान्यताएँ भी नज़र आती हैं। गुरु नानक की वाणी में उनका ब्रह्म (अकाल पुरख) रहीम भी है, परवरदिगार भी; करीम भी है, बेपरवाह भी; क़ादिर भी है, रब भी; दाना भी है, बीना भी। "सो करता कादिर करीम दे जीआ रिजकु संबाही।" इस्लामी मान्यताओं में से 'शैतान', 'हराम-हलाल', 'दोज़ख़-बहिश्त' जैसी मान्यताएँ गुरुवाणी में प्रवेश पा गयी हैं:

तीह करि रखै पंज करि साथी,
नाउ सैतान मतु कटि जाई।

(तुमने तीस रोज़े भी रखे, पाँचों नमाज़ें भी अदा कीं लेकिन शैतान सदा तुम्हारी बुद्धि को प्रभावित करता रहा।)

जो जीवै पति लत्थी जाई।
सभ हराम जेता कहु खाई।।

(जिस व्यक्ति का जीवन ही अनादर का शिकार हो गया हो, वह जो कुछ भी खाता है, हराम होता है।)

हकु पराया नानका उस सूअर उस गाय।

(हे नानक! दूसरे का अधिकार-हनन मुसलमान के लिए सूअर खाने के समान है और हिंदू के लिए गोहत्या के समान है।)

थाउ न पाइनि कूड़यार
मुख काले दोजकि चालिया।

(दुष्ट लोगों को कहीं जगह नहीं मिलती। वे अपना मुँह काला करके दोज़ख़ में चले जाते हैं।)

नंगा दोजकु चालिया ता दिसै खरा डरावना,
करि औगण पच्छोतावणा।

(दुष्ट लोग निरावरण दोज़ख़ में जाते हैं और वहाँ भयभीत खड़े रहते हैं। अवगुणों के कारण वे पश्चात्तापरत होते हैं।)

कवि नानक ने तो केवल सूफ़ी मान्यताओं को ही आत्मसात नहीं किया, उनकी भाषा को भी अपनी अभिव्यक्ति का माध्यम बनाया है :

यक अर्ज़ गुफ़्तम पेशे-तू दर गोश कुन करतार।
हक़्क़ा कबीर करीम तू बेऐब परवरदिगार।।
दुनिया मक़ामे-फ़ानी तहक़ीक़ दिल दानी।
मम सर मूई इज़राईल गरिफ़्तः दिल हेच जानी।।

तात्पर्य यह कि धर्म भिन्न-भिन्न हो सकते हैं, धार्मिक कर्मकाण्ड भिन्न-भिन्न हो सकते हैं लेकिन जहाँ तक आत्मा-परमात्मा के संबंध की, आत्मा के पुनः अपना मूल स्वरूप प्राप्त करने की, अपने प्रियतम में समाकर उसी का रूप हो जाने की बात है तो सभी धर्मों के अटल सत्य, सार्वकालिक सच्चाइयाँ एक ही बिंदु पर केंद्रित हो जाती हैं और वह बिंदु है अध्यात्म, रूहानियत। इसी बिंदु पर आकर सिख दर्शन तथा सूफ़ीमत एक दूसरे को आलिंगनबद्ध कर लेते हैं।

❑❑